Koamivi Mawulolo Aziagba

Acercamiento a la novela visual

AF549096

Koamivi Mawulolo Aziagba

Acercamiento a la novela visual

JustFiction Edition

Imprint

Any brand names and product names mentioned in this book are subject to trademark, brand or patent protection and are trademarks or registered trademarks of their respective holders. The use of brand names, product names, common names, trade names, product descriptions etc. even without a particular marking in this work is in no way to be construed to mean that such names may be regarded as unrestricted in respect of trademark and brand protection legislation and could thus be used by anyone.

Cover image: www.ingimage.com

Publisher:
JustFiction! Edition
is a trademark of
Dodo Books Indian Ocean Ltd., member of the OmniScriptum S.R.L Publishing group
str. A.Russo 15, of. 61, Chisinau-2068, Republic of Moldova Europe
Printed at: see last page
ISBN: 978-620-3-57776-1

Copyright © Koamivi Mawulolo Aziagba
Copyright © 2021 Dodo Books Indian Ocean Ltd., member of the OmniScriptum S.R.L Publishing group

Acercamiento a la novela visual *Conjunto vacío* de Verónica Gerber Bicecci

AZIAGBA Koamivi Mawulolo

Remerciements

Je tiens vivement à remercier Mesdames Assia MOHSSINE et Bénédicte MATHIOS pour leur attention particulière à mon endroit tout au long de mes deux années de Master. Elles ont été toujours disponibles en me prodiguant des conseils et des corrections pour bien mener ce travail de recherche.

Mes remerciements vont aussi au docteur Côme Martin qui a accepté me faire parvenir son travail de recherche de thèse, qui a été pour moi d'une très grande utilité pour la réalisation de ce mémoire.

Je dis aussi un sincère merci à mes parents AZIAGBA Douhadji et AFATSAWO Adjo, à mes frères et cousins qui à des milliers de kilomètres m'ont apporté leur soutien sur tous les plans. Sans eux je n'irai pas à bout de ce Master.

Enfin mes derniers remerciements vont à ma chère Roukayatou ABASSA pour son soutien et à mon ami Komlan MIKOSSE qui m'a lu avec la plus grande attention.

Sumario

RESUMEN

La trayectoria de Verónica Gerber Bicecci está compartida entre las artes visuales y la literatura. La escritora y artista visual mexicana, consagró un interés particular a las artes visuales antes de involucrarse en la literatura. Su entusiasmo por las artes visuales influenció fuertemente su escritura en particular su primera novela *Conjunto vacío.* A partir del concepto de "intermedialidad" entre las artes visuales y la novela en *Conjunto vacío*, hemos orientado nuestro trabajo de investigación hacia el acercamiento a la "novela visual" dado que en la obra se encuentran dibujos, grafismos y diagramas de Venn que se utilizan en la teoría de conjuntos. Así Verónica Gerber Bicecci renueva la novela gráfica y demuestra los límites del lenguaje humano en un sentido más amplio porque al usar las imágenes, cuenta lo que no se puede contar con palabras. El objetivo es estudiar la relación entre texto e imagen o mejor dicho, la intermedialidad literaria, que enfoca además de las palabras, toda clase de imágenes (rayas, signos matemáticos, grafismos) que participan de la producción de sentido.

Palabras claves: Novela visual; intermedialidad literaria, lectura, artes visuales; *Conjunto vacío*; Verónica Gerber Bicecci

INTRODUCCION

Recientemente, académicos e investigadores han orientado sus intereses hacia la dimensión visual. Fue por ejemplo, el caso de la tesis de Arroyo Diez María Cristina[1]; Côme Martin[2] y del artículo de Nicolas Mollard[3]. Estos estudios han permitido emprender un debate sobre la cultura visual y los dominios en que se extendería, desde diferentes enfoques teóricos y metodológicos. Nuestra reflexión se sitúa fuera de los límites entre la palabra y la imagen, entre la literatura y las artes visuales para abarcar dos campos de estudio: la iconología y la intermedialidad. Si bien los estudios visuales comenzaron propiamente dicho con la poesía visual que tuvo su periodo más importante en la década de los sesenta, es importante recordar que la poesía visual no es una iniciativa del siglo XX "ya que los caligramas y otros poemas figurativos ya existían desde la Edad media"[4]. Con respecto a los caligramas y los poemas figurativos, señalamos que la poesía visual es un género en sí y es una manifestación que forma parte de la poesía experimental. El interés por la novela visual es un hecho reciente. Comenzó en 2006 con los estudios de Thierry Smolderen sobre la novela gráfica. Nuestro propósito es analizar la novela visual *Conjunto vacío*[5] de Verónica Gerber Bicecci desde la perspectiva de la intermedialidad.

Artista y escritora mexicana, Verónica Gerber Bicecci nació en México el 14 de noviembre de 1981, se autodefine como "una artista visual que escribe"[6]. La escritora estudió en la Escuela Nacional de Pintura, Escultura y Grabado «La Esmeralda» donde se graduó en Licenciatura en Artes plásticas y más tarde en maestría de Historia del arte en la Universidad Nacional Autónoma de México. En 2003 ganó el III Premio Internacional de literatura Aura Estrada y en 2014 obtuvo la mención honorífica en el Premio Nacional de Ensayo sobre Fotografía. Igualmente, publicó piezas de teatro tales como, *Los Hablantes No.2*, en el Museo Amparo, Puebla y *El Vacío amplificado*, en la Casa–Taller José Clemente Orozco, Guadalajara

---

[1] *Aspectos espaciales y visuales en las primeras novelas contemporáneas Benito Pérez Galdós y su repercusión en la novela española actual*, tesis de doctorado, Universidad de Valladolid, 2011. [En línea]. http://uvadoc.uva.es/bitstream/handle/10324/882/TESIS129-111222.pdf?sequence=1&isAllowed=y consultado el 05/06/2020.

[2] *Le Roman visuel : relations entre texte et image dans la bande dessinée et le roman américains contemporains*, thèse de doctorat, Université Paris-IV Sorbonne, 2013.

[3] « Texto e imagen en las novelas de Ricardo Menéndez Salmón (2001-2010) », Castilla. Estudios de Literatura, Universidad de caen baja-normandia, 3 (2012):249-273. [En línea]. file:///C:/Users/hp-pc/AppData/Local/Temp/HispadocTextoEImagenEnLasNovelasDeRicardoMenendezSalmon200-4077233.pdf consultado el 26/02/2020.

[4] Consultado en https://es.wikipedia.org/wiki/Poes%C3%ADa_visual el 04/05/2020.

[5] Verónica Gerber Bicecci, *Conjunto vacío*, México, Pepitas calabaza, 2017.

[6] Consultado en www.veronicagerberbicecci.net el 9/03/2018.

en 2016. En 2017 ha publicado también el libro *Mudanza* (Almadía, 2017 / 1ed Auieo, 2010) y el mismo año publicó su tercera pieza *Palabra migrante* en la Art Association, Jackson Hole, Wyoming. Verónica Gerber Bicecci es una de las voces narrativas más importantes del panorama literario mexicano contemporáneo que escribe desde la intermedialidad. *Conjunto vacío* ganó el premio Librería Cálamo en 2018. En 2019 publicó *compañía,* una fotonovela en la que explora las potencialidades de la imagen y el texto. Asimismo, impartió talleres de lectura de imágenes, escritura visual, escritura abstracta y escritura mural en diversas instituciones culturales de la República Mexicana, así como asignaturas de teoría de arte y dibujo en programas de educación artística superior. Siendo artista visual, participó en muchas exposiciones internacionales. Su reciente proyecto fue *El Vocabulario b* en 2019, un proyecto participativo a partir de una serie de talleres con los niños sobre la noción del futuro del lenguaje. Como otras novelas del primer tercio del siglo XIX, la primera novela de Verónica Gerber Bicecci es publicada primero en inglés, en 2015 por las ediciones Almadía, y luego en versión española, en México, por Pepitas de calabaza. Novela visual, *Conjunto vacío* se caracteriza por su originalidad "en su manera de contar, en el que se utilizan tanto recursos narrativos (párrafos cada vez más cortos, capítulos cada vez más sintéticos) como lingüísticos (escrituras ilegibles, disgrafías, lenguajes infantiles, idiomas inventados) o gráficos (los diagramas de Venn que se utilizan en la teoría de conjuntos)"[7]. Narra la desaparición de la madre del personaje principal y la ruptura con su novio. La historia reconfigura la generación de hijos del exilio, la interacción entre imagen y texto, "el desdoblamiento y el juego de espejos que produce el silencio y lo «no dicho»"[8].

Desde las primeras páginas, *Conjunto vacío* conquista al lector con una historia que entrelaza con pequeños textos, ilustraciones sencillas, en la que se recoge el tono melancólico y el humor sutil de la escritora. Así pues, la novela se parece a una exposición de arte en la cual las piezas están perfectamente completas. Paralelamente, en esta novela, Verónica Gerber Bicecci ofrece una experimentación de la escritura para narrar los acontecimientos ocurridos en la vida de Verónica el personaje principal. La ausencia de la madre, la ausencia de amor, de respuestas, de lenguaje están presentes en todo el libro, lo que la lleva a usar los diagramas de Venn a modo de complemento, de explicación:

[7] Consultado en https://www.amazon.fr/Conjunto-vac%C3%ADo-Ver%C3%B3nica-Gerber-Bicecci/dp/8415862873 el 02/07/2020.
[8] Consultado en https://larepartidora.org/botiga/llibres/narrativa/conjunto-vacio/ el 23/06/2020.

Todas las cosas se descubren después. La soledad, por ejemplo. No cuando creemos que estamos solos ni cuando nos sentimos abandonados. Eso es otra cosa. La soledad es invisible, se atraviesa sin saberlo, sin darnos cuenta. Al menos esta de la que hablo. Es una especie de conjunto vacío que se instala en el cuerpo, en el habla, y nos vuelve ininteligibles. Aparece inesperadamente al mirar hacia atrás, instalada en un momento en el que no habíamos reparado.[9]

La novela va de la saturación al vacío. Hay páginas casi vacías y otras llenas de escritura o dibujos. El carácter visual de la novela es dado por las rayas, los bosquejos y los diagramas de Venn y en la que texto e imágenes coexisten para construir el relato. Cabe aquí, y antes de adentrarnos en el análisis, una definición de la novela visual como subgénero literario muy en boga entre las narradoras de las dos primeras décadas del siglo XIX.

En su estudio « Graphic novel / roman graphique : la construction d'un nouveau genre littéraire », Thierry Smolderen afirma:

> Nous assistons [...] à l'émergence d'un nouveau genre, unifié par la reconnaissance d'une identité commune entre romanciers traditionnels et romanciers graphiques, et qu'on pourrait qualifier de manière plus générale, de roman visuel – un genre dont le roman graphique serait le versant « bande dessinée », et dont les romans de type *House of Leaves, The City of Glass* et *Extremely Loud and Incredibly Close* constitueraient le versant littéraire[10].

El contacto entre lo visual y lo verbal en la narrativa, comienza a originarse en un momento histórico de grandes descubrimientos de nuevos estilos narrativos, en el cual las modificaciones en distintas áreas de la cultura visual han dado inicio a un nuevo periodo histórico que alcanzará plena maduración durante el siglo XX con el cómic y la novela gráfica. A base a esto, la novela visual ofrece las características siguientes: la presencia de imágenes en la narración; el cruce entre la imagen y el texto; la unidad común entre la narración tradicional escrita y la visual. En relación a esta conclusión y al notar que *Conjunto vacío* consta de palabras e imágenes nos hacemos las preguntas siguientes: ¿Por qué se sirve Verónica Gerber Bicecci de imágenes en su producción literaria? ¿Son insuficientes las palabras para revelar y desvelar ciertas realidades? ¿Es una renovación del género literario? ¿Quiere esta autora demostrar los límites de la literatura? Este trabajo se propone contestar a estas preguntas, y se divide en tres partes.

---

[9] Verónica Gerber Bicecci, *Conjunto vacío*, *op. cit.*, p.133.

[10] Thierry Smolderen, « Graphic novel / roman graphique, la construction d'un nouveau genre littéraire », Revue neuvième art, n°12 - janvier 2006, [En línea]. Consultado en http://neuviemeart.citebd.org/spip.php?article140 el 04/02/2019.

En la primera parte de este trabajo, desvelaremos la noción de intermedialidad en las novelas visuales y en particular en *Conjunto vació*. Será cuestión de definir el marco conceptual, la interacción entre las artes gráficas y la literatura desde el cual Verónica Gerber Bicecci nos invita a leer su novela. La segunda parte enfoca *Conjunto vacío* como ejemplo paradigmático de novela visual, no sólo sus recursos narrativos sino también sus diagramas de Venn que se suelen utilizar para mostrar la agrupación de elementos en las matemáticas. La tercera y última parte, será dedicada al análisis de la obra explorando los temas literarios, desde los personajes, el espacio y el tiempo.

La selección del corpus para esta investigación fue motivo de gran complejidad y discusión. Para ello, en primera instancia, nos dedicamos a reconocer las novelas que podrían ser incluidas bajo el rótulo de novela visual. Así, para nuestro trabajo de investigación optaremos por herramientas metodológicas como la semiótica, la iconología y el análisis literario.

I. La novela visual y la noción de intermedialidad

En el panorama de la literatura mundial, los estudios intermediales ocupan poco a poco un lugar importante en las áreas de la investigación. El concepto de intermedialidad es dependiente de un cambio estructural paradigmático, fruto de la interacción entre la literatura y las artes visuales. En este caso, el recurso a las artes visuales se ha vuelto el modo de expresar en la obra literaria, contenidos indecibles o intraducibles en el lenguaje, y el soporte para ampliar y completar el significado de lo verbal. La unión entre texto e imagen es importante para los estudios intermediales. Así como lo afirma Irina Rajewsky, cualquier persona que emplea este concepto "intermedial", ha de definir antes que otra cosa, lo que entiende por dicho término[11] y lo define como un conjunto de fenómenos de transgresión de fronteras entre medios que implican por lo menos dos medios distintos[12]. A su vez, Jürgen Erich Müller entiende la intermedialidad cuando un texto oculta en sí estructuras de uno o varios medios[13]. De acuerdo con estas dos definiciones, el concepto de intermedialidad significa las relaciones entre diversos medios.

Para desvelar la intermedialidad en *Conjunto vacío* de Verónica Gerber Bicecci y apreciar los efectos estéticos que acarrea, indagaremos primero en los contextos en que se implementan la noción y las imágenes como procedimientos de la técnica narrativa. Irina Rajewsky propone tres categorías dentro de la intermedialidad: La intermedialidad como transposición medial donde la calidad intermedial tiene que ver con la forma en la que un producto mediático llega a existir, es decir, con la transformación de un determinado producto mediático[14] o de su substrato en otro medio. La intermedialidad como referencialidad alude a otros medios, la evocación de ciertas técnicas cinematográficas en la literatura o viceversa[15] y por último, "la intermedialidad como combinación de medios expresivos tradicionales y medios asociados a las nuevas tecnologías, pasando de la mera contigüidad de dos o más manifestaciones materiales a una "verdadera" composición". A partir de esta síntesis, es posible asumir la intermedialidad a la vez como una creación, una distribución y una recepción. Así de acuerdo con Según López-Varela:

[11] Irina Rajewsky, Intermediality, intertextuality, and remediation: A literary perspective on intermediality", *Intermédialités,* *1* (6), 2008 [En línea]. http://cri.histart.umontreal.ca/cri/fr/intermedialities/p6/pdfs/p6_rajewsky_text.pdf consultado el 2/04/2019.

[12] Consultado en http://archee.qc.ca/wordpress/introduction-a-lintermedialite-pour-une-methodologie-interdisciplinaire-de-lart/ el 24/06/2020.

[13] Jürgen Müller, *Texte et médialité*, Mannheim, Lehrstuhl Romanistik1, Universität Mannheim, 1987.p. 9

[14] un texto literario, una película.

[15] el zoom, los fundidos, los encadenados, el montaje o la edición.

La importancia del contexto en el desarrollo del concepto de intermedialidad ya había sido puesto en relieve antes, de forma que, para los casos en los que se puede hablar de interpretaciones separadas de la forma material de los medios, Schröter emplea el término *transmedial intermediality*, afirmando que incluiría lo que Irina Rajewsky denomina "transposición[16].

Así pues, empleando también las palabras de Arno Gimber, "los medios narrados de manera literaria o cinematográfica implicarían según la *transmedialidad* de la narrativa como *tertium comparationis"*[17] es decir, lo que tiene en común, la intermedialidad y la narración. Este *tertium comparationis* "permitiría abordar el estudio de la intermedialidad desde un punto de vista neo-formalista, tal y como ya había hecho Bordwell (1993) cuando indica que, el tópico del modelo es independiente del medio*"*[18]. De este modo, en una novela, una misma temática podría tomar cuerpo. Así pues, la relación entre medios de origen diferente podría analizarse de forma intermedial. Dicho con las palabras de Humberto Ortega Villaseñor, siguiendo a Chiel Kattenbelt, la intermedialidad no es un concepto nuevo:

> La intermedialidad surge con las nuevas tecnologías de principios del siglo XX elaboradas y puestas en la escena cultural por los vanguardistas, en especial europeos (sobre todo en pintura, literatura, música, teatro y moda), pues sus propuestas artísticas deshacen las ilusiones de la realidad instauradas en el siglo XIX (pensemos, por ejemplo, en la novela realista decimonónica y los efectos del positivismo). Dichos artistas rompen con el entorno y manipulan el tiempo y el espacio con procedimientos que hasta ese momento resultaban impensables (por ejemplo, el *Ulises*, de James Joyce, el *Orlando*, de Virginia Woolf, o bien la pintura surrealista de Salvador Dalí o el cine de Luis Buñuel) (Cubillo, 2013)[19].

Respecto al tema, la intermedialidad es entonces un diálogo entre el texto y la imagen. En esta «era del testigo», que surge en el discurso literario asociado a la memoria, a la verdad y al documento. La interacción pasa de la manifestación material a la integración que posibilita la creatividad y capacidad para desplazarse a través de varios formatos. Desde la posición del

---

[16] Asunción López-Varela Azcárate, « Génesis semiótica de la intermedialidad: fundamentos cognitivos y socio-constructivistas de la comunicación », *cic. Cuadernos de Información y Comunicación,* Universidad Complutense de Madrid, 2011, p 95-114.

[17] Consultado en http://www.scielo.org.mx/scielo.php?script=sci_arttext&pid=S1870-11912016000100167 el 02/07/2020.

[18] López-varela Azcárate, « Génesis semiótica de la intermedialidad: fundamentos cognitivos y socio-constructivistas de la comunicación », *art-cit.,* p 95-96.

[19] Humberto Ortega Villaseñor, « Desafíos del potencial creativo de la intermedialidad» *in Revista Culturales, Instituto de Investigaciones Culturales-Museo*, Universidad Autónoma de Baja California ISSN 1870-1191. Época 2 - Vol. IV, 2016, p175. [En línea]. dehttps://www.researchgate.net/publication/310013150_Desafios_del_potencial_creativo_de_la_intermedialidad consultado el 07/03/2019.

profesor Philippe Merlo en la narrativa española de hoy (2000-2010) de Natalie Noyaret, las características de la escritura de las novelas contemporáneas es la extrema facilidad con la que los escritores integran en su prosa imágenes. En estas novelas donde el texto e imágenes cohabitan, la pintura y la fotografía reciben un tratamiento peculiar y desempeñan el papel de protagonista.[20] Esta tendencia, que corresponde a la época actual y posmoderna, se inscribe tanto en la poética como la narrativa de la hibridación.[21]

En efecto, la unión texto-imagen crea una hibridación en la modalidad narrativa y hasta una absorción del texto inducida por los efectos estéticos de la imagen. Este acercamiento "pone en relación diversas artes. Primero se aplicó a las artes de la escena y luego a la relación entre la literatura y las artes"[22]. La primera novela de Verónica Gerber Bicecci, *Conjunto vacío* ofrece un ejemplo notable de hibridación donde se entrecruzan escritura, grafismos y símbolos matemáticos. Un gusto que se prolonga en su novela más reciente *Compañía* (2019) que mezcla la fotografía con diagramas en blanco y negro. En *Conjunto vacío*, es de notar que las imágenes caracterizan dos universos, uno que corresponde al universo físico y otro al universo psíquico o los sentimientos del protagonista principal que comparte el mismo nombre con la autora.

Durante el periodo marcado por el uso de la écfrasis[23], se usaba la imagen como protagonista principal de la acción. Fue el caso de las novelas emblemáticas tales como *La Tempestad* (1997) de Juan Manuel de Prada, *El Lápiz del carpintero* (1998) de Manuel Rivas, y *El Jinete polaco* (1991) de Antonio Muñoz Molina. *Conjunto vacío* continúa este diálogo con las artes visuales. Las imágenes son insertadas con o sin comentarios y se nota en toda la narración el uso de los diagramas de Venn que se utiliza en la teoría de los conjuntos. Se trata de una escritura realista y referencial en la que la imagen coexiste con el texto. Esta confrontación de la imagen y el texto crea un iconotexto sin relación de dependencia obvia. En *Conjunto vacío* la imagen y el texto narrativo sirven de soporte a una reflexión sobre la intermedialidad en el campo de la representación y la escritura visual. Verónica Gerber Bicecci pone en escena en el texto narrativo autobiográfico ficcionalizado, la imagen para ilustrar los

---

[20] Philippe Merlo, *in* Natalie Noyaret, *La narrativa española de hoy (2000-2010) La imagen en el texto (I)*, Bern, Peter Lang, Leia, vol. 20, 2011, p. 451.

[21] Elvire Diaz, *La intermedialidad en la ficción española contemporánea, diálogo entre literatura y artes visuales. La narrativa española de hoy (2000-2010)*, La imagen en el texto (III), 2013, La narrativa española de hoy. [En línea]. https://hal.archives-ouvertes.fr/hal-01499856/document consultado el 13/03/2019.

[22] Louis Hebert et Lucie Guillemette (dir.), *Intertextualité, interdiscursivité et intermédialité*, Québec, Presses de l'Université Laval, col. «Vie des signes», 2009. [En línea]. https://www.fabula.org/actualites/l-hebert-et-l-guillemette-dir-intertextualite-interdiscursivite-et-intermedialite_32193.php consultado el 24/12/2020.

[23] Tradicionalmente se define *écfrasis* como "el ejercicio literario que consiste en describir un objeto de arte". Definición consultada en https://enunlugarmejor.wordpress.com/2018/12/03/describir-un-cuadro/ el 25/12/2019.

acontecimientos sucedidos y para revelar o desvelar los eventos indecibles y las realidades intraducibles. Los recursos visuales de imágenes discursivas en toda esta ficción narrativa permiten un estudio transversal que hace emerger los rasgos tanto característicos, temáticos como tendencias de la prosa narrativa mexicana contemporánea. La imagen para Verónica Gerber Bicecci en *Conjunto vacío* es un recuerdo de la infancia y de estos acontecimientos que es incapaz de narrar. Para ella la mejor manera de hablar de los sentimientos, de los dolores del cuerpo y del espíritu es hacer un dibujo que los ilustre. Estos fenómenos de la intermedialidad nos hacen referir a una técnica de escritura y de efectos que resultan de otros sistemas de expresión extraverbales. Las novelas visuales son un medio de representación y de significación de naturaleza audio y/o visual. Las escrituras visuales y la écfrasis remiten a una concepción imaginativa de la acción narrada en la novela como una información. La novela se convierte entonces en un medio de comunicación entre el lector y el autor a través de los personajes. En un sentido más amplio, "la noción de intermedialidad designa las relaciones entre diversas prácticas artísticas asociadas a los medios delimitados"[24]

Hemos planteado en los párrafos previos el marco conceptual de la intermedialidad en las novelas visuales. Seguiremos con más detalles el estudio del concepto. Sin embargo es necesario antes de continuar, conocer los rasgos literarios de la intermedialidad literaria.

[24] Éric Méchoulan, « Intermédialités : le temps des illusions perdues », dans *Intermédialités*, no 1 (naître), printemps 2003, p. 22. [En línea]. https://www.erudit.org/en/journals/im/2003-n1-im1814473/1005442ar/ consultado el 19/02/2019.

1. Los rasgos literarios de la intermedialidad

En su artículo, *Intermediality, intertextuality and Remediation,* Irina Rajewsky observa tres rasgos característicos de la intermedialidad literaria. En estos tres rasgos, el primero se fundamenta en la incorporación de los medios de difusión especialmente la reescritura de los signos no verbales. El segundo rasgo toca la literatura intermedial que remite por su técnica escritural, a otros sistemas extraverbales, por medio de representación y de significación audio o visual. La tercera parte presentada por Irina en su artículo se basa en la mezcla de los medios que se observa en las obras literarias. Para ella la concepción de la intermedialidad literaria es un simple collage de materialidad y una reescritura de la virtualidad que puede ser actualizada por la lectura. La intermedialidad en esta perspectiva permite elaborar una producción intermedial no solo entre la literatura y el arte sino también entre la literatura y los medios. La intermedialidad es un eje de investigación en las ciencias intermediales y en la literatura sobre el género novelesco. Alfonso De Toro lo deja claro afirmando que el campo de la intermedialidad fue más bien explorado por los investigadores en ciencias intermediales y los investigadores sobre el género novelesco[25]. A juicio de Jürgen Müller, los textos literarios parecen ir de mano con los medios. En la literatura posmoderna asistimos a la introducción de los medios en las producciones literarias de los escritores, rompiendo las reglas del modernismo para crear obras originales inéditas. Es una experiencia al nivel de la producción literaria[26] y remite a la experiencia de los autores con la utilización de los medios, de las artes y con la formación en las artes plásticas de unos de ellos que influyen sus obras. La intermedialidad es pues una nueva tendencia de escritura empleada por los escritores para renovar la tradicional forma de escribir las obras literarias. En un sentido más amplio, la intermedialidad es el carácter bajo el cual se pueden estudiar las relaciones que pueden existir entre varios medios. La intermedialidad estudia cómo el texto, la imagen y el discurso siendo símbolos del lenguaje son también soportes, modo de transmisión aprendizajes de códigos y leciones[27]. La intermedialidad es una herramienta de referencia de los estudios intermediales. En su tesis, Farah Aïcha Gharbi revela que los investigadores se concentran en el análisis de las obras audiovisuales bajo un enfoque intermedial debido a la definición de la síntesis de los medios que remiten a una manifestación artística[28]. Los estudios intermediales cubren entonces tanto

[25] Alfonso De Toro (dir), *Translatio.Transmédialité et transculturalité en littérature, peinture, photographie et au cinéma. Amériques Europe Maghreb*, Paris, L'Harmattan, coll. « Transversalité », p. 8.
[26] Mezcla de textos e imagenes.
[27] Éric Méchoulan, « Intermédialités : le temps des illusions perdues », *art-cit.,* p.9-27.
[28] Farah Aïcha Gharbi, *L'Intermédialité littéraire dans quelques récitsd'Assia Djebar,* thèse de doctorat, Université de Montréal, 2009, p. 32.

los medios de información como los soportes literarios. Silvestra Mariniello por su vez habla del relato intermedial como "Un récit matérialisé dans une écriture contaminée par les médias de l'information et par le cinéma est un récit intrinsèquement intermedial"[29]. El relato novelesco es invadido por los medios de información lo que deja notar la intrusión de los medios modernos de información y de expresiones en las novelas contemporáneas. Asimismo nuevos conceptos intrínsecamente liados aparecen. François Guiyoba lo asegura en sus palabras: "Le domaine des études intemédiales, entretient par nécessité, la veine des néologismes en cette matière''[30]. Se habla entonces de la literatura intermedial o la intermedialidad literaria. Siguiendo en este sentido Denis Bachand también asegura que la intrusión de los medios en la novela, generó nuevas formas de modalidades de escritura y de lectura[31]. Se trata de un trabajo de construcción, desconstrucción y reconstrucción. En esta nueva área de investigación aparecieron nuevos conceptos a saber: "Médiascape, médiamotion, médialiture, interartialité". Con estos nuevos conceptos asistimos a lo que podemos llamar "el renacimiento de las normas de la novela". Este renacimiento ha generado un intenso trabajo de creación e intervención sobre la estructura de la novela. Así Roger Tro Deho encuentra tres rasgos en esta nueva práctica intermedial en la novela. El primer rasgo muestra que el diálogo de los medios sugiere el ir y venir entre los medios, el pasaje de un arte a otro. El segundo rasgo es la exploración de las aperturas en la era de los medios terminando con la potencia de los medios y el beneficio que aprovechan los autores: creación publicitada de la identidad y las nuevas posturas relacionadas al autor. Así un texto literario puede crear efectos de sentido representando otras estructuras mediáticas por medio de la escritura[32]. Se produce un cambio radical cuando el lector, leyendo el texto se considera como un espectador de un episodio cinematográfico. Vermetten en este sentido refiere que estos pasajes activan las competencias que permiten ver los pasajes de la novela como una película y nos da a conocer los diferentes indicios que funcionan como señales que impone al lector de referirse mentalmente a la estética cinematográfica[33]. Dependiente de la mediación, la sociedad moderna "conlleva entre la conciencia y lo real, entre la inteligencia y lo sensible, un dispositivo intermedial"[34]. Este fenómeno intermedial es dependiente de la

[29] Silvestra Mariniello, « Commencements », *Intermédialités*, Université de Montréal n°1,2003, p. 62.

[30] Llamamiento publicado en *Fabula* el 21 septiembre 2012.

[31] Denis Bachand, « Hybridation et métissage sémiotique. L'adaptation multimédiatique », *La nouvelle sphère intermédiatique*, université de Montréal, 2006.

[32] trabajos de Irina O. Rajewsky (2005, 2010), de Walter MOSER (2001, 2007), de Marie-Pascale HUGLO (2007) y de Audrey Vermetten (2005).

[33] Audrey Vermetten, *un tropisme cinématographique, l'esthétique filmique* dans Au-dessous du volcan *de Malcolm Lowry* dans Poétique 2005/4 (n° 144), [En línea]. https://doi.org/10.3917/poeti.144.0491 consultado el 06/04/2019.

[34] Marie Fraser, « *Seeing the Light.* Réflexions autour de Your Black Horizon d'Olafur Eliasson », *Appareil et intermédialité,* Jean-Louis Déotte, Marion Froger, Silvestra Mariniello (dir.), Paris, L'Harmattan, 2007, p.68.

mediación. Lo que "implica un dispositivo entre la conciencia y el real notado, entre la inteligencia y lo sensible[35]. Los medios están entonces omnipresentes en la mayoría de los soportes, novela y televisión. La novela está pues contaminada por los medios, dejando a la novela una herencia visual. El cruce entre los medios y la literatura viene de esta concepción en la que en una producción cultural de nuestra era, necesitamos un mestizaje entre los géneros, las culturas hasta las civilizaciones. Desde el punto de vista de Müller "la comunicación cultural, hoy día, tiene lugar en un entre-juego complejo de los medios"[36]. Nos enfrentamos a un amplio campo de intermedialidad que "ambiciona encontrar el más posible relacional a todas las escaleras posibles"[37]. A partir de estos enfoques podemos preguntarnos sobre qué tipo de relación versa la teoría intermedial. El concepto de medios abraza tanto los medios tradicionales como todas las voces y vías de expresiones artísticas que ponen mal la homogeneidad en su sentido muy amplio, lleva en sí misma, el problema de su definición exacta. A través de su carácter proteiforme se nota "una hibridación de las prácticas artísticas"[38]. Los autores contemporáneos incorporan otras artes y medios en sus producciones literarias en ocurrencia la novela recreando un universo gramatical y lexical. Estas nuevas novelas fundamentadas en las artes y los medios exigen una lectura especial. Podemos hablar del estallido de las fronteras culturales y artísticas. Los escritores se interesan cada vez más por otras culturas, lo que proporcionó la introducción de otras artes en sus producciones. La intermedialidad deriva entonces de una migración de la intertextualidad. Esto ha ampliado la coexistencia de las relaciones mediáticas en los textos literarios. En estos textos se observan los medios, que sean anteriores o contemporáneos.

Acabamos de revisar someramente algunos rasgos característicos de la intermedialidad con miras de desvelar el sentido polisémico de dicho concepto. Participan en el tejido de otras formas de construcciones. En las líneas venideras abordaremos las formas de construcción mediáticas.

[35] Marie Fraser, « *Seeing the Light.* Réflexions autour de Your Black Horizon d'Olafur Eliasson », *art-cit.*, p.68.
[36] Jürgen Müller, *Texte et médialité*, *art-cit.*, p.107.
[37] Consultado en https://www.youscribe.com/BookReader/Index/2480033/?documentId=2457089 el 17/02/2019.
[38] Consultado en https://www.erudit.org/en/journals/im/2017-n30-31-im03868/1049942ar/ el 19/02/2020.

1.1. Las formas de construcciones mediáticas.

En una novela para notar las construcciones mediáticas, es necesario tomar en cuenta tres entidades. Primero los personajes. Se debe prestar una atención a los roles y las funciones que desempeñan. Un personaje puede ser una entidad intermedial y una entidad intermedial puede ser un personaje como el caso de los diagramas de Venn en *Conjunto vacío.* En una narración para hablar de la biografía de un personaje se pueden usar los medios. En el segundo caso, la trama puede ser un medio cuando caracteriza un personaje. La tercera opción es la osamenta en que se fundamenta la novela como un diálogo entre el texto y la imagen. Así la confrontación entre el texto y la imagen llama la atención sobre el tejido de la construcción. Un medio puede ser otra lectura de un texto. La intermedialidad literaria es pues una nueva visión que se desarrolla en el panorama literario mundial. Así de estas investigaciones se creó una línea recta de estudios: intertextualidad-interartialidad-intermedialidad. Estos tres términos se complementan. La intertextualidad centra la reflexión sobre el texto, la interartialidad sobre la estética literaria y la intermedialidad la interacción entre los medios. En lo sucesivo estudiamos los tres términos.

1.2.El concepto de intertextualidad-interartialidad-intermedialidad

En 2010, Farah Gharbi y Eric Méchoulan reflexionaron sobre estos conceptos y parten de dos concepciones diferentes. Para Gharbi:

> Là où l'intertextualité insiste surtout sur la question des textes ; l'interdiscursivité sur celle du discours ; et l'interartialité sur celle de l'esthétique caractéristique des productions artistiques, l'intermédialité rassemble ces préoccupations en ne négligeant pas de considérer la dimension technique inhérente aux phénomènes de signification, qui prête forme à leur matière sémiotique.[39]

A nuestro juicio estos conceptos son intrínsecamente liados y definen la narrativa de Verónica Gerber Bicecci. El cruce entre la arte, el discurso y el medio es una técnica propia a ella y permite profundizar los mecanismos cognitivos de la narrativa contemporánea. Citando a Méchoulan:

> L'insistance contemporaine sur l'intertextualité, l'interdiscursivité et, maintenant, l'intermédialité repose sur un principe de continuité entre des ordres de plus en plus distants les uns des autres: d'abord, d'un texte avec divers textes du même champ ; ensuite, d'un texte avec des discours de multiples champs;

[39] Farah Aïcha Gharbi, *L'Intermédialité littéraire dans quelques récits d'Assia Djebar*, *op.cit.*, p.3.

enfin, d'un discours avec des performances discursives, des supports institutionnels et sensibles hétérogènes[40].

Analizando estas dos explicaciones de Farah y Méchoulan, notamos que el punto común es la superación y la ampliación de las perspectivas precedentes por la máxima atención hacia los medios. Para llegar a un análisis concreto de los medios, "es importante distinguir los grupos de fenómenos que presentan calidades intermediales distintos"[41]. Se produce un efecto con el lector transformando en imagen la palabra y eso viceversa. Es un cambio que afecta la psicología del lector y le obliga a considerarse como si estuviera viendo la escena en una pantalla digital. Hoy en día los soportes intermediales pueden traspasar las fronteras mediáticas para adaptarse a los soportes literarios. La intermedialidad es pues fruto de una inevitable mutación de la esfera artística. No se trata de una dialéctica del arte de leer o hablar entre el significante o el significado sino de la creación de un universo de vivencia para el lector. La práctica intermedial tiene la capacidad de desvelar algunas realidades mantenidas a la sombra o desconocidas. La novela adquiere una nueva postura que al igual que otras artes, mediante un lenguaje natural produce representaciones visuales. Se debe tomar en cuenta las artes plásticas y otras representaciones visuales e intermediales propias de la novela para caracterizar las visualizaciones de las narraciones novelescas. Así pues, el diálogo entre la literatura y las artes visuales o la relación entre la palabra y la imagen podría observarse desde perspectivas que se oponen a los análisis diacrónicos o sincrónicos. En los estudios contemporáneos, la definición de las relaciones entre la palabra y la imagen ofrecen nuevos puntos de vista.

En un artículo sobre la comparación entre el arte visual y la literatura publicado en el *journal of the college of langagues,* el Doctor Intidhar Ali Gaber asegura que "la relación entre la literatura y las artes visuales se refiere al diálogo que puede ser en el nivel de los objetos, de los planteamientos estéticos, del intercambio de recursos e, incluso, de las personas, y puede darse de manera sucesiva o simultánea"[42]. Dentro de estos esquemas, desde la perspectiva de los estudios literarios, destaca el caso de la écfrasis, puesto que se trata de una modalidad discursiva propia de la literatura que se basa precisamente en la invocación y evocación de la visualidad y, como tal, se convierte en un laboratorio de experimentación idóneo para comparar los

---

[40] *Ibidem.*, p.3.

[41] Élisabeth Routhier, « L'intermédialité du texte littéraire, Le cas d'*Océan mer*, d'Alessandro Baricco », Mémoire, Université de Montréal, 2012, p.28.

[42] Intidhar Ali Gaber, « Comparación entre el arte visual y la literatura; la adaptación1 de *Orson Welles de El proceso* de F. Kafka », *Journal of the College of Languages, Issue* p.5. [En línea]. https://www.iasj.net/iasj?func=fulltext&aId=110626 consultado el 02/03/2019.

diferentes sistemas de representación y para comprobar hasta qué punto es posible el intercambio entre ellos[43].

En este estudio sería muy importante darnos cuenta de la clasificación de los investigadores de este ámbito dado que la interacción entre la palabra y la imagen es una de las fuentes de análisis de lo escrito y lo visual.

1.3.La clasificación del ámbito intermedial

Para clasificar las relaciones a nivel de los objetos, Kibédi Varga encuentra tres criterios:

> Tiempo cantidad y forma. En el primero el espectador recibe la palabra y la imagen al mismo tiempo y no puede percibirlas por separado como en el emblema y los cómics, en otros casos el artista se inspira en una imagen preexistente y escribe una écfrasis, o en un texto preexistente y pinta alguna escena de Homero o de Biblia. En este caso, el espectador no ve más que una imagen y el lector lee un poema sin necesariamente percibir también la otra. El segundo criterio, cantidad, tiene una secuencia muy interesante para la interpretación de imágenes en general y más específicamente para los objetos verbales y visuales, un objeto individual, ya sea un cartel o un emblema directamente persuasivo, y con este ejemplo es sabido que en la historia del arte los pintores a menudo han sugerido la narración, y son ejemplos del segundo los dibujos animados, los cómics, los ventanales de una iglesia que muestran tanto imágenes de vidas de santos como una inscripción, dentro de la división de cantidad hay una subdivisión cuando los objetos verbales y visuales que aparecen como serie. Algunos de ellos son percibidos por el lector-espectador como fijos otros con movimientos. Los cómics están yuxtapuestos, como los ventanales de las iglesias, y es el lector-espectador quien mueve los dibujos animados pero otros objetos proyectados, como las películas, representan series móviles al ojo del espectador que permanece más o menos fijo"[44].

El lenguaje literario en general y el de la novela en particular, se caracterizan por una capacidad imaginativa que representa lo abstracto y viceversa, mientras que en las artes visuales se encuentra la dificultad de presentarlo. La utilización del lenguaje verbal para presentar las reflexiones, recuerdos y sueños de los personajes provocados por las manifestaciones artísticas visuales y plásticas, está presente en las novelas visuales. Las imágenes en *Conjunto vacío*, nos aproximan a aquellas dimensiones metafísicas a las que atiende la realidad, la finalidad, el sentido y la finalidad es dar forma a lo que dura realmente en señal y símbolo de verdadera trascendencia, y para que sean repletas de lo que ciertamente les anima. A este fenómeno se le

---

[43], Antonio Monegal (Comp). *Literatura y pintura*, Madrid, Arco Libros, S.L., 2000. p. 151-152.

[44] Gilman, E.B, Kibédi Varga, Á, y otros: *Literatura y pintura,* trad. Antonio Monegal, Arco Libros, S.L., Madrid, 2000, p.115.

llama écfrasis, que revela la relación entre la palabra y la imagen a nivel de objetos. Las relaciones intermediales se pueden resumir en los estudios contemporáneos. La semejanza entre las artes visuales y la literatura es una metáfora sobre las realidades y los sistemas de representación que el hombre ha desarrollado. De un modo general el estudio sobre el arte y las interacciones artísticas promovieron los procesos artísticos creativos y los *interart studies*. Según Intidhar Ali, en comparación con el concepto construido de la interartialidad, el concepto de intermedialidad "cobra una mayor calidad heurística, como lo explica Müller en sus investigaciones sobre la reconstrucción arqueológica de este término técnico"[45].

Por lo tanto, respecto a este concepto, se trata de un proceso en el cual un medio sucede a otro ya existente y adapta su modo de representación desarrollando también nuevas innovaciones y, al mismo tiempo, en la nueva formación de sí mismo supera o renueva los medios antiguos a los que se recurre en un nuevo fenómeno medial[46]. Una remediación se puede atribuir a los nuevos medios que aparecen en general, como el caso del cine que adaptó elementos y estructuras de la fotografía y del teatro, o de los procesos específicos de un producto medial[47]. El proceso de la remediación se basa en dos estrategias de la estética de la recepción o en una doble lógica, a saber, la *hypermediacy* y la *immediacy*[48]. La *hypermediacy* llama la atención del lector sobre la existencia de un medio, mientras la *immediacy* apunta a hacer que el lector olvide la presencia del medio con el cual éste se comunica visualmente[49].

En este breve recorrido, con algunos ejemplos de referencia a la imagen, resulta que la presencia de la imagen en el texto literario narrativo es de gran importancia en términos del sistema de escritura y la visión. La imagen enriquece el discurso, le da más perspectivas. Para el objeto literario, transforma la lectura tradicional, obligando el lector a convertirse en un lector-espectador. Hay una manipulación de las fronteras mediáticas es decir de la referencia intermedial. En este eje de pensamiento Rajewsky reflexiona en cómo un producto de medios puede manipular o cruzar sus bordes de medios propios para actualizar un medio que normalmente es ajeno a él. Rajewsky, se centra en la relación involucrada en las dinámicas

---

[45] Indidhar Ali Gaber, « Comparación entre el arte visual y la literatura; la adaptación1 de *Orson Welles de El proceso* de F. Kafka », *art-cit.*, p.11.

[46] Joan Kristin Bleicher, « Die Intermedialität des postmodernen Films», *In: Oberflächenrausch. Postmoderne und Postklassik im Kino der 90er Jahre*,Verlag Dr. W. Hopf. Lit, Hamburg, 2008, p.98.

[47] Irina Rajewsky, « Intermediality, Intertextuality, and Remediation: A Literary Perspective on Intermediality », *Intermédialités* 2008, 1(6). [En línea]. http://cri.histart.umontreal. ca/cri/fr/intermedialites/p6/ .pdfs/p6_rajewsky_text.pdf consultado el 03/03/2019.

[48] Bolter, J. D.; Grusin, R, *Remediation: Understanding New Media*, 4. Auflage. The MIT Press, Cambridge, 2001, p.5.

[49] Indidhar Ali Gaber, « Comparación entre el arte visual y la literatura; la adaptación1 de *Orson Welles de El proceso* de F. Kafka », *art-cit.*, p.12.

intermediales. Las referencias intermediales nos llevan a una herramienta de análisis de las novelas en las que hay manifestaciones intermediales. Este acercamiento orientado hacia los soportes mediáticos y su amplia posibilidad se centra en la manipulación de las fronteras mediáticas. La literatura interactúa con otros medios manipulando sus propias características pues sí que a partir de la experiencia de la obra que utilizamos como corpus de este trabajo de investigación, la autora como docente artista visual, en el ámbito relacional de la palabra y las imágenes, estima pertinente asumir la intermedialidad desde el enfoque de los estudios visuales que siguió, es decir, desde la puesta en diálogo de diversas prácticas significantes o medios en su novela. Como lo retoma Humberto Ortega la afirmación de Gimeno, "aunque, sin duda, un especialista en literatura probablemente continúe partiendo del texto literario como base para el análisis intermedial, así como el músico partiría del texto musical o el artista plástico de la pintura y el dramaturgo de la obra dramática y su puesta en escena, pensamos que abordar un objeto de estudio desde la intermedialidad implica superar el egotismo y la necesidad de visibilidad individual, y realizar un cambio de lugar o de posición desde la cual conocemos"[50]. Bajo esta consideración, hay que modificar la perspectiva a partir de la cual producimos y analizamos las representaciones de la realidad, sobre todo porque, como señala Murray:

> con la portabilidad de medios y la tecnología más asequible se produjeron mezclas expresivas de alta y baja cultura, así como también, formas mejoradas de expresión individual y social a consecuencia de la teoría y los medios de comunicación desarrollados (Murray, 2012, p. 325)[51].

En este mismo sentido Lopez-Valera dice:

> Todo fenómeno comunicativo responde a topologías, ecologías y tecnologías particulares que darían forma a nuestras ideas, ideologías, etc. El imaginario cultural contemporáneo parece situar el énfasis en el dialogismo, la intertextualidad, la intermedialidad, el hibridismo y la ambigüedad. Esta situación me ha hecho cuestionar la validez científica de tales análisis y ha dirigido mi investigación hacia la exploración de aproximaciones más cercanas a los aspectos materiales de la comunicación humana con el fin de explorar hasta qué punto impactan sobre el imaginario cultural. Mis trabajos anteriores se han centrado en explorar simultáneamente tendencias biológicas y culturales de los intercambios de información. Más recientemente he intentado mostrar cómo la comunicación interpersonal es el soporte natural del desarrollo de la conciencia humana y cómo

[50]Ortega Hunberto, « Desafíos del potencial creativo de la intermedialidad» *art-cit.*, p.192.
[51] *Ibidem.*, p.192.

existe un amplio espectro de estudios en distintas áreas que muestran cómo la separación entre la mente individual y las mentes de los demás comienza a estrecharse[52].

A través de este recorrido, queda claro que la intermedialidad es una característica propia de la narrativa contemporánea. Nos toca ver ahora cómo Verónica Gerber Bicecci lo plantea en su *Conjunto vacío*.

2. Verónica Gerber Bicecci: de las artes visuales a la novela gráfica.

En esta parte de nuestro trabajo, hablaremos de la experiencia de Verónica Gerber Bicecci como artista visual, recorriendo unas de sus obras y a continuación cómo evolucionó hacia la escritura. Dentro de sus obras, notamos obras de escrituras visuales y de traducciones visuales. Las de escritura visual son entre otras, *Conjunto vacío, Tercera persona, los Hablantes, Trail, Mudanza, Invisible, Homesick y Espacio negativo*. En todas estas obras la cultura visual está presente. Vemos una presentación breve de estas obras.

- *Tercera persona:* Publicada en las ediciones Gato negro en 2015, Verónica cuenta doce historias escritas en un texto traducido a braille. Esta traducción a braille es sin dimensión táctil en el sentido de mantener "sucesos-hasta cierto punto- en su invisibilidad"[53]. Verónica experimenta en este libro una operación lingüística partiendo de la conversión de la imposibilidad o mejor dicho parte "del mal entendimiento, de la imposibilidad de la comunicación total, de lo imposible de lo cotidiano."[54] A modo de citación tomamos dos secuencias extractas de la versión electrónica de la obra.

[52] Lopez-Varela, « Génesis semiótica de la intermedialidad: fundamentos cognitivos y socio-constructivistas de la comunicación », *art-cit.*, p.98.
[53] http://www.veronicagerberbicecci.net/index.php/es/proyectos/tercera-persona consultado el 04/03/2019.
[54] https://www.printedmatter.org/catalog/41914/ consultado el 08/02/2020.

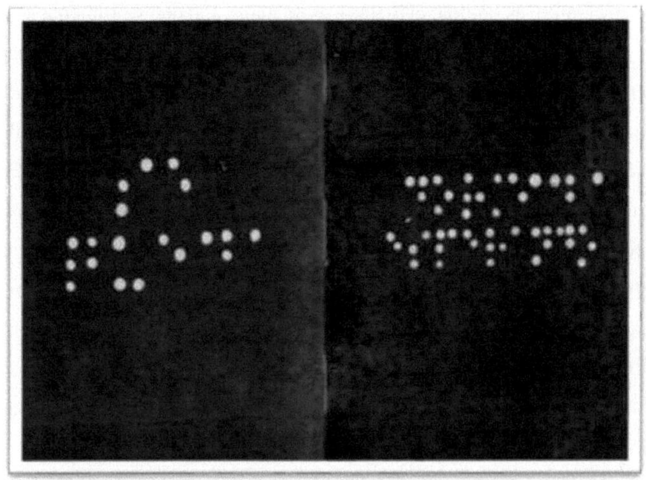

Figura 1: mostrando la escritura en braille sin dimensión táctil.
Verónica Gerber Bicecci, *Tercera persona,* 2015. Consultado en http://www.veronicagerberbicecci.net/index.php/es/proyectos/tercera-persona el 13/03/2019.

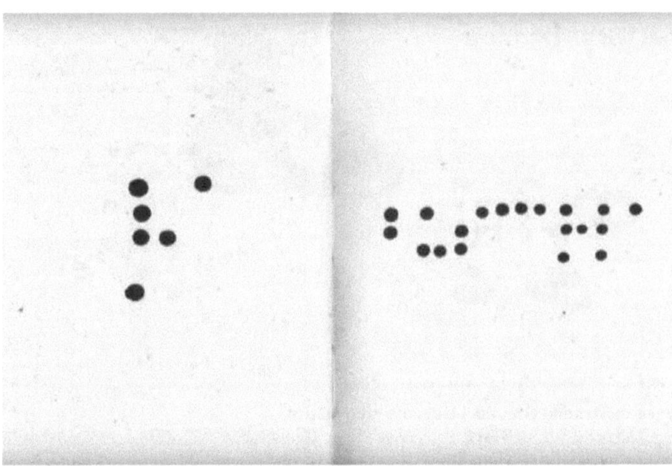

Figura 2: Imagen mostrando la escritura en braille sin dimensión táctil.
Ibidem.

- *Los Hablantes:* Publicada en 2014, *Los Hablantes* es una colaboración entre la MUAC y la UNAM. Redactada en español e inglés Verónica Gerber Bicecci empieza la obra así: "La palabra es una entidad soluble. Una sustancia que sufre varios estados. (…) La conversación, en cambio, es líquida: el diálogo es un manantial que se alimenta de sonido, fluye en el tiempo y en el espacio, de ida y vuelta, desde quien habla hasta el que escucha"[55]. Se fundamenta en un lenguaje matemático utilizando la teoría de conjuntos y los diagramas de Venn. En un ensayo visual construye una representación visual acerca del habla y la conversación apoyándose en diferentes operaciones e interacciones lingüísticas. En la obra hay una manifestación de interacción entre la literatura y la arte visual. De este cruce Verónica Gerber Bicecci intenta crear una práctica fundamentada en el pensamiento del lenguaje espacial, lo ambiguo entre lo visible y lo invisible y lo decible y lo inefable. Por ejemplo en estas dos imágenes siguientes dentro de la multitud de imágenes que consta la obra, hay una interacción. Los dos campos se observan en las imágenes: un campo de lo decible, de lo expresable y un otro campo de lo indecible, de lo silencioso o de lo secreto. A modo de ejemplo citamos las imágenes siguientes.

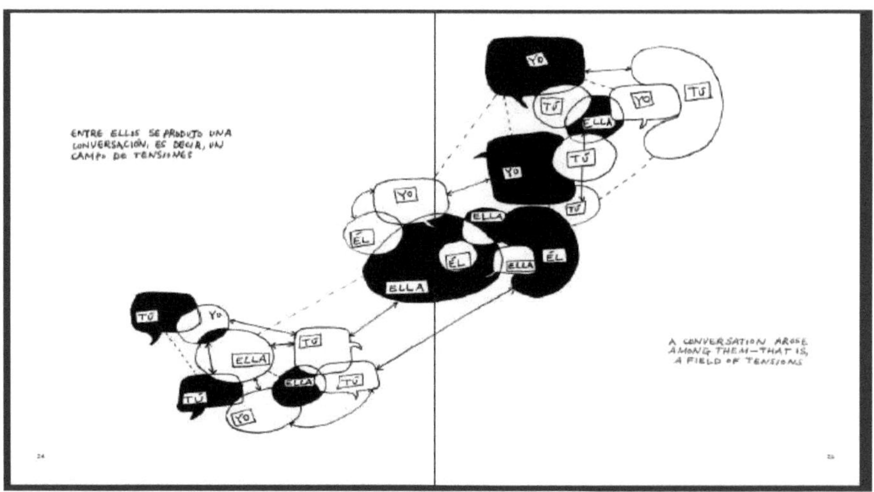

Figura 3: imagen mostrando el uso del lenguaje matemático.
Verónica Gerber Bicecci, *Los Hablantes,* 2014. Consultado en http://www.veronicagerberbicecci.net/index.php/es/proyectos/los-hablantes-copy el 13/03/2019.

[55] recuperado de https://muac.unam.mx/exposicion/los-hablantes? el 05/05/2019 a 15h04.

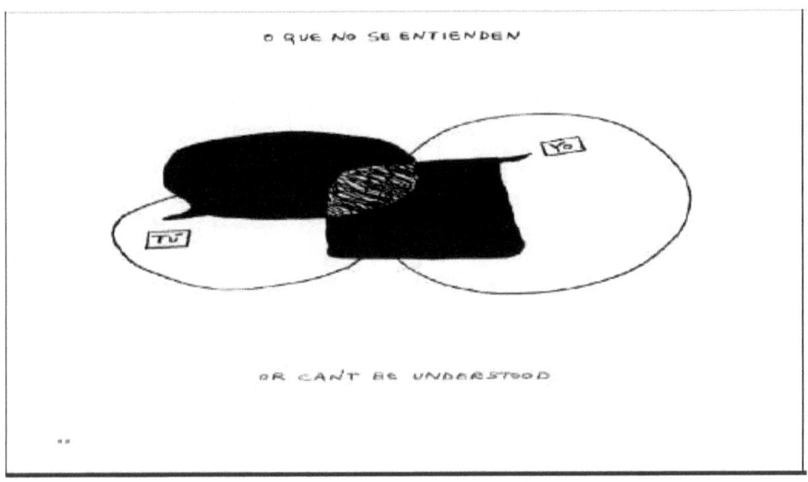

Figura 4: Imagen mostrando el uso del lenguaje matemático.
Ibidem.

Estas interacciones operan como un campo de tensiones, silencios, cosas no dichas y secretos. La propuesta evoca diferentes situaciones en el campo de la conversación, donde las zonas grises y ambiguas producen la posibilidad de elaborar narraciones ficticias entre los actores.

- *Trail:* Es un ensayo fundamentado en el libro de Paul Auster, *Retrato de un hombre invisible*. La imaginería visual está presente en esta obra. De las sesenta y siete páginas que consta el libro de Auster, resultan sesenta y siete pequeñas historias ocultas que descifran realidades entre sí. *Trail* forma parte de la edición 2012 del programa Bolso Negro de Casa Vecina. "He intentado buscar mis propias palabras en las páginas de *Portrait of an invisible man*, de Paul Auster. El resultado: 67 narraciones de una línea. Auster escribe un *memoir* buscando las huellas de su padre muerto; yo voy en busca de otra historia, una narración secreta, oculta en su libro"[56]. La imagen siguiente lo ilustra todo y nos recuerda prácticas poéticas de los años setenta españolas como por ejemplo *Textos y antitextos* de Fernando Millán. Encontramos así textos borrados por partes. A modo de ejemplo citamos la imagen siguiente.

[56] www.veronicagerberbicecci.net consultado el 05/03/2019.

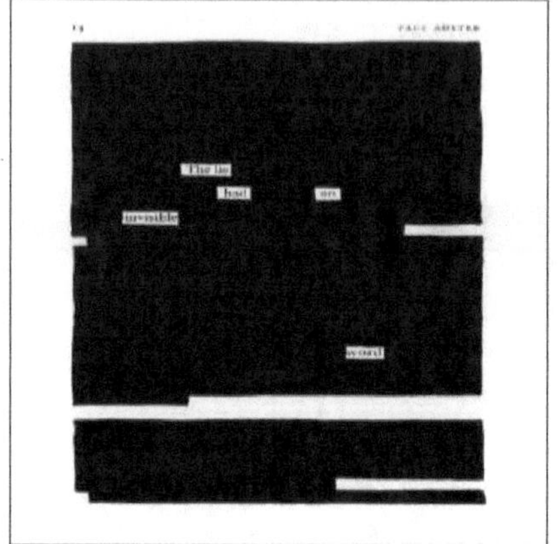

Figura 5: Imagen mostrando la imaginería visual usada en la narración. Verónica Gerber Bicecci, *Trail,* 2012. Consultado en http://www.veronicagerberbicecci.net/index.php/es/proyectos/trail el 13/03/2019.

- *Homesick:* Es un libro publicado en 2007 en las ediciones Casera, un libro de ciento veinte páginas que consta de fotografías y dibujos. En esta obra el diagrama de Venn está también presente. Verónica pone en relieve la arte visual.

El uso de imágenes en estas obras remite a la actividad artística de la autora. Proveniente de una formación artística, trabaja en todas sus obras, su experiencia como artista visual. Se basa sobre todo en los diagramas de Venn que se usa en la teoría de Conjuntos en matemáticas. Promueve en sus obras el arte visual. En la figura siguiente aunque sea una fotografía podemos observar artistas pintando.

Figura 6 mostrando artistas pintado en la pared y cuadros.
Verónica Gerber Bicecci, *Homesick,* Casera, 2007. Consultado en http://www.veronicagerberbicecci.net/index.php/es/proyectos/homesick el 13/03/2019.

- *Espacio negativo:* Publicada en 2005 por las ediciones Casera, no hace excepción al uso de las artes visuales. En ella uno puede ver como en las precedentes obras, fotografías, bosquejos y diagramas. Estas dos imágenes son unos ejemplos entre otros de la obra.

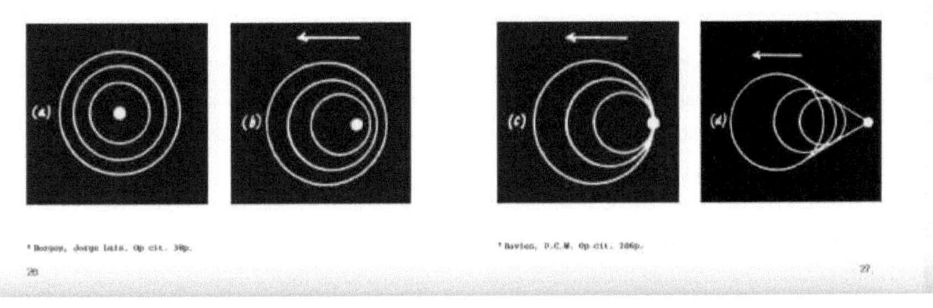

Figura 7: Imagen mostrando escritura visual de la obra.
Verónica Gerber Bicecci, *Espacio negativo,* 2005. Consultado en http://www.veronicagerberbicecci.net/index.php/es/proyectos/espacio-negativo el 13/03.2019.

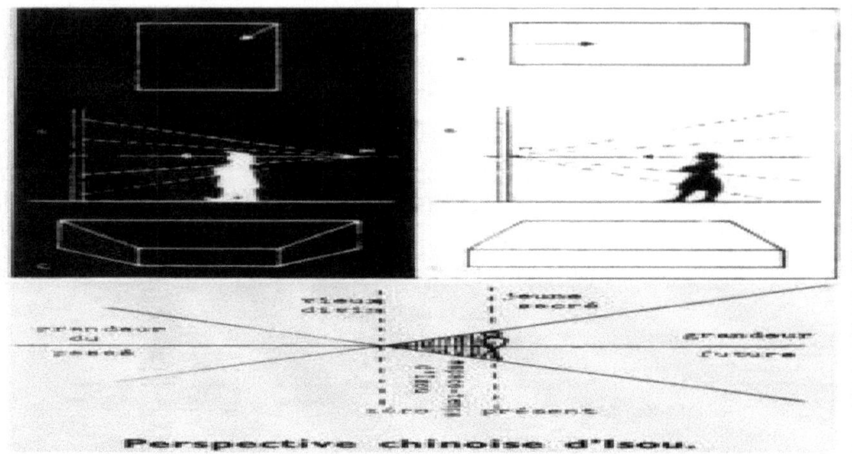

Figura 8: Imagen mostrando escritura visual de la obra.
Ibidem.

La parte artística de la obra se fundamenta en el recorrido de los artistas como: Joseph Albers, Cildo Meireles, Marcel Broothaers, Vito Acconci, Bruce Nauman, Gabriel Orozco, John Cage, Marcel Duchamp y Bas Jan Ader[57]. En la recopilación de las obras, en que Verónica Gerber Bicecci hace su experiencia como artista, se destacan también *Palabras migrantes, Conferencia secreta, Invisible indecible.*

- *Los Diagramas de silencio:* Es una obra realizada en 2004, a partir de unos poemas de Xavier Villaurrutia, Julio Cortázar, Rosario Castellanos, Cesare Pavese y Li Bo. En esta obra Verónica hizo dibujos a partir de la puntuación de los textos:

> Esta serie de dibujos parte de los signos de puntuación de algunos poemas. Dibujé un círculo a partir de cada 'coma', 'punto' o 'punto y coma', los uní con líneas rectas y después quité el texto. La pieza es un andamiaje de pausas, de silencios. La gráfica resultante es un campo de tensiones, de fuerzas inaudibles[58].

A modo de ejemplo citamos la imagen siguiente:

[57] http://www.veronicagerberbicecci.net/index.php/es/proyectos/espacio-negativo, consultado el 08/03/2019.
[58] http://www.veronicagerberbicecci.net/index.php/es/dibujos/diagramas-del-silencio consultado el 13/03/2019.

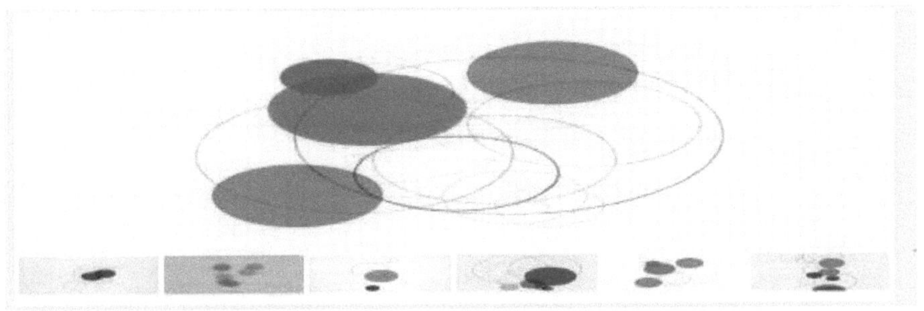

Figura 9 mostrando el dibujo realizado a partir de la puntuación.Verónica Gerber Bicecci, *Los Diagramas de silencio*, 2014. Consultado en http://www.veronicagerberbicecci.net/index.php/es/dibujos/diagramas-del-silencio el 13/03/2019.

Además de escribir obras literarias en que hay una manifestación de su genio artístico, Verónica Gerber Bicecci realizó también murales, pinturas y participó en muchas exposiciones internacionales. Estos murales son:

- *Escritura del tiempo*: Es una pintura acrílica de una dimensión 44X122 centímetros hecha en 2005. Se trata de una pintura que Verónica hizo en tonalidades de grises, blancas y negras en que las vetas de la madera señalan las formas aleatorias que el tiempo produce. A modo de ejemplo citamos las imágenes siguientes :

Figura 10: Imagen mostrando las formas aleatorias que produce el tiempo. Verónica Gerber Bicecci, *Escritura del tiempo, 2005.* Consultado en http://www.veronicagerberbicecci.net/index.php/es/dibujos/escritura-de-tiempo el 13/03/2019.

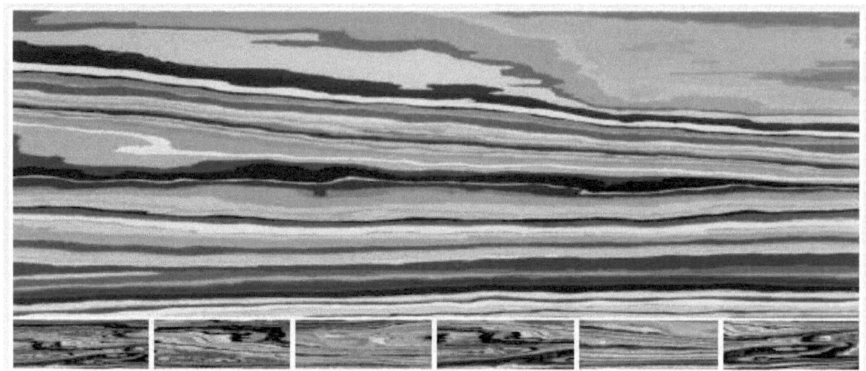

Figura 11: Imagen mostrando las formas aleatorias que produce el tiempo.
Ibidem.

Dentro de las obras de Verónica Gerber Bicecci hay obras que ella misma denomina murales efímeros. Ellos son:

- *Los Hablantes:* En la primera parte de *Los Hablantes* Verónica utiliza un lenguaje fundamentado en la diagramación de la teoría de conjuntos[59]. Todos los dibujos que se encuentran en este mural, son una pequeña colección de novelas visuales en que se desarrolla una trama. Se trata de una pintura acrílica realizada en 2014. A modo de ejemplo citamos las imágenes siguientes:

Figura 12: Imagen mostrando la diagramación de la teoría de los conjuntos. Verónica Gerber Bicecci, *Los Hablantes1*, 2014. Consultado en http://www.veronicagerberbicecci.net/index.php/es/murales/los-hablantes el 13/03/2019.

[59] Se refiere a las intersecciones, vacíos y uniones.

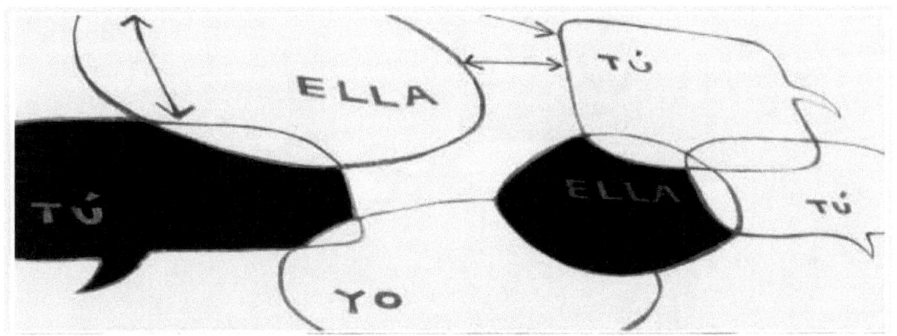

Figura 13: Imagen mostrando la diagramación de la teoría de los conjuntos.
Ibidem.

- *El Poema invertido:* Es una pintura acrílica que Verónica Gerber Bicecci realizó sobre la Torre negra del Museo Experimental del Eco en 2013. En él Verónica inventa su propio sistema de cifrado, que es voltear el poema a su negativo, "para intentar descifrar *El Poema plástico* (1952) de Matías Goeritz"[60]. A modo de ejemplo citamos las imágenes siguientes:

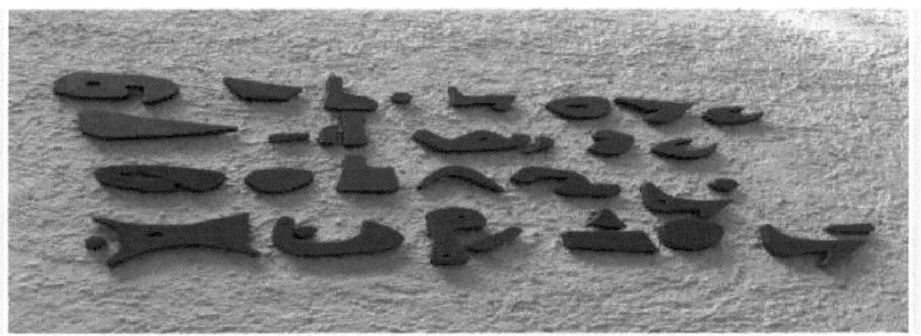

Figura 14: Imagen mostrando la pintura acrílica de Verónica Gerber Bicecci sobre la Torre negra. Verónica Gerber Bicecci, *El Poema invertido,* 2013. Consultado en http://www.veronicagerberbicecci.net/index.php/es/murales/poemainvertido 13/03/2019.

[60] Consultado en https://www.veronicagerberbicecci.net/poema-invertido-inverted-poem el 02/07/2020.

Figura 15: Imagen mostrando la pintura acrílica de Verónica Gerber Bicecci sobre la Torre negra. *Ibidem.*

- *La Biblioteca ciega:* Edificada en 2012, ocupa un lugar significativo en los murales de verónica Gerber Bicecci. A lo largo de la historia algunos nombres de docenas de bibliotecas desaparecieron. Esta obra recuerda y retrasa estos nombres. Esta rotula de pintura acrílica sobre medianeras de algunos edificios del Centro Histórico de la ciudad de México, evoca los espacios destruidos, lo que queda señalado en cada membrete del braille y que los mantiene inaccesibles al mismo tiempo. Estas dos imágenes son respectivamente la biblioteca del Califato de Córdoba y la biblioteca de Jerusalén. A modo de ejemplo citamos por ejemplo las imágenes siguientes:

Figura 16: Imagen mostrando el braille sobre el muro de la biblioteca del Califato de Córdoba Veroniva Gerber Bicecci, *La Biblioteca ciega,* 2012. Consultado en http://www.veronicagerberbicecci.net/index.php/es/murales/bibliotecaciega el 13/03/2019.

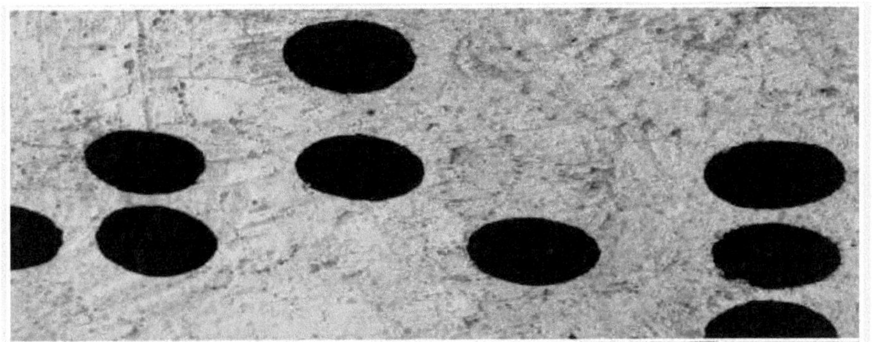

Figura 17: Imagen mostrando el mural sobre el muro de la biblioteca del Jerusalén.
Ibidem.

Las otras bibliotecas son, la biblioteca de Numa, la biblioteca de Alejandría, la biblioteca de Nalanda, la biblioteca de Antioquia y la biblioteca de Nazaríes.

- *La Prosa del observatorio:* Es una obra realizada en 2004. En ella, Verónica Gerber Bicecci transcribe los signos de puntuación del libro *La Prosa del observatorio* de Julio Cortázar. A partir de estos signos de puntuación realizó circunferencias. Citamos las imágenes siguientes:

Figura 18: Imagen mostrando las circunferencias a partir de la puntuación del libro de Julio Cortázar. Verónica Gerber Bicecci, *La Prosa del observatorio* ,2004. Consultado en http://www.veronicagerberbicecci.net/index.php/es/murales/prosa-del-observatorio el 21/02/2019.

- *La Historia del tiempo:* A partir del libro *Historia del tiempo* de Stephen Hawking, Verónica Gerber Bicecci transcribe las pausas, los signos de puntuación, para delinear una gráfica de su temporalidad negativa. Fue edificada en 2006. Lo hizo utilizando la misma técnica que ha empleado en Los *Diagramas de silencio* y *La Prosa del observatorio.* A modo de ejemplo, citamos las imágenes siguientes:

Figura 19: Imagen mostrando la delineación a partir de la puntuación del libro de Stephen. Verónica Gerber Bicecci, *Historia del tiempo,* 2006. Consultado en http://www.veronicagerberbicecci.net/index.php/es/murales/historia-del-tiempo el 12/03/2019.

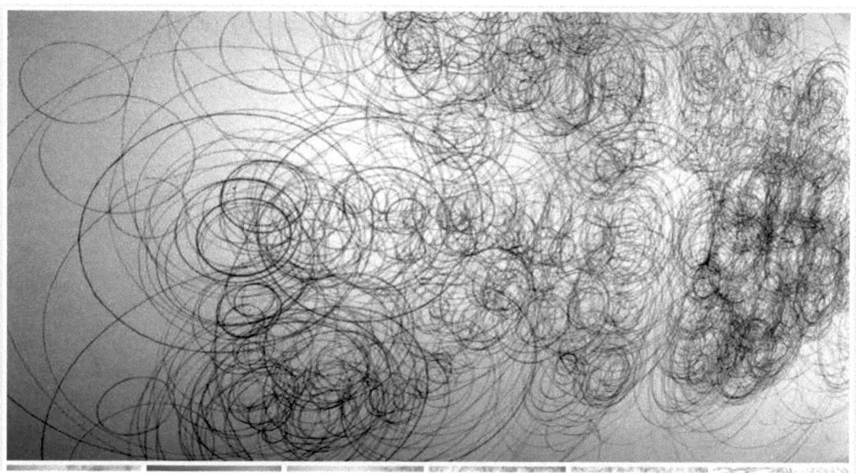

Figura 20: Imagen mostrando la delineación a partir de la puntuación del libro de Stephen. *Ibidem.*

Verónica Gerber Bicecci no es solo una artista sino también una escritora. Su carrera como novelista comenzó con su primera novela visual *Conjunto vacío* en 2015. Siendo artista visual transportó su experiencia en *Conjunto vacío*. Es una agente de la cultura y potenciadora de cambios intelectuales. Su papel de artista, va más allá de la producción de obras de artes. En *Conjunto vacío* la imagen y el texto cohabitan a lo largo de toda la novela. En esta novela Verónica Gerber Bicecci explora también la teoría de los conjuntos con la utilización de los diagramas de Venn. En las imágenes siguientes vemos como utiliza los diagramas para interpretar una relación que mantiene dos personajes (Y) y (T):

Erase una vez una intersección YT

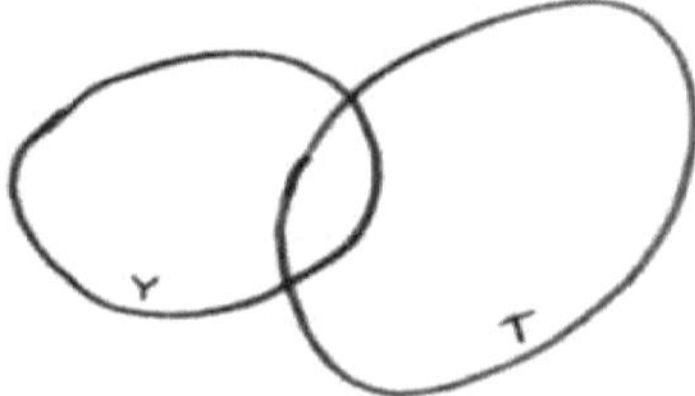

De pronto, en la intersección YT aparece un vacío

Figura 21: Imagen mostrando la teoría de los conjuntos para hablar de la historia de dos personajes. Verónica Gerber Bicecci, *Conjunto vacío*, *op.cit.*, 2017. p.26.

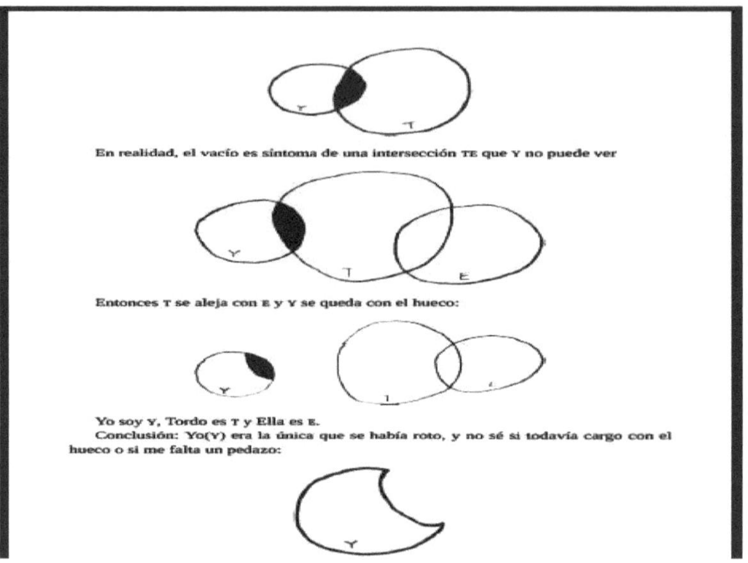

Figura 22: imagen mostrando la teoría de los conjuntos para hablar de la historia de dos personajes. Verónica Gerber Bicecci, *Conjunto vacío*, *Ibid.*, p.27.

El recorrido de las obras de verónica Gerber Bicecci revela que las obras escritas después de 2015 es decir antes de la publicación de *Conjunto vacío*, son una colección de obras en que hay una exploración de la teoría de los conjuntos en mayoría, a través de los diagramas de Venn. Este mismo fenómeno se nota en *Conjunto vacío* y en sus otras obras que han seguido la publicación de *Conjuntos vacío* en las que, la más reciente es *La Compañía* publicada en 2019. De allí se puede decir que los diagramas de Venn de la teoría de conjuntos, son la piedra angular y la materia principal de sus obras dado que su uso revela la relación compleja que mantienen los personajes y sobre todo los de *Conjunto vacío*. Todos estos grafismos de los que consta la novela, dan un carácter visual muy importante a la obra y siendo novela visual, nos atrevemos a calificarla también como una novela gráfica. Pero no se trata de una novela gráfica bajo el estilo tradicional sino una novela gráfica renovada. De allí nos preguntamos si ¿*Conjunto vacío* no es una renovación de la novela gráfica?

3. *Conjunto vacío,* una renovación de la novela gráfica

Anteriormente hemos señalado que *Conjunto vacío* es una novela a la vez textual y visual es decir que está escrita con dibujos, rayas y escrituras. Sabido es que cada novela que consta de escritura e ilustraciones con rayas puede calificarse de novela gráfica. Así se entiende por novela gráfica "un término que se usa para definir un nuevo tipo de historieta dirigida a un público maduro, que posee un formato de libro, pertenece generalmente a un único autor, relata una historia prolongada y posee una elevada aspiración literaria"[61]. Las novelas gráficas a menudo son libros voluminosos que cuentan una historia narrada con dibujos acompañadas de textos. Nos referimos a un producto cultural con carácter narrativo extenso. Tiene las características para ser considerada como un medio de comunicación. Teniendo en cuenta esta definición cabe constatar que *Conjunto vacío* es una novela gráfica renovada. Para poder destacar lo que es renovado en *Conjunto vacío* es necesario hablar primero de los rasgos característicos de una novela gráfica en general y a continuación como se presentan en *Conjunto vacío.*

3.1.Los rasgos característicos de una novela gráfica

Históricamente, las novelas gráficas narran una historia de principio al fin. La historia que cuenta la novela gráfica, suele tener más detalles y logra contener su trama completa. Los lectores de la historia, no tienen que recordar los eventos de varios meses atrás o situaciones que pueden haber sido accesorias en su momento. La novela gráfica cuenta una "única historia, extensa y con tendencia a la densidad. Hay pretensiones temáticas de la Literatura con mayúscula, con recurso al subjetivismo autobiográfico, flash backs, diferentes tiempos narrativos, etc. A menudo está destinada a un público determinado ordenada horizontalmente"[62].

A nivel de la estructura, la novela gráfica se compone naturalmente de:

- "Viñetas: Recuadros en los que se representa la acción y que distinguen al universo imaginario del resto de la página en blanco. Pueden ser de distinto tamaño, incluso abarcar la página entera.
- Ilustración: Representación de la realidad imaginada, que tiene lugar dentro de las viñetas a través de un trazo artístico de estilo propio, dependiente del autor.

[61] http://fugahistorietas.blogspot.com/2010/06/que-es-una-novela-grafica.html consultado el 19/03/2019.

[62] https://es.wikipedia.org/wiki/Novela_gr%C3%A1fica consultado el 27/03/2019.

- Fumetti o bocadillo: Globos de texto que aluden a las distintas representaciones del habla (de los personajes o del narrador) en el relato visual.
- Líneas de expresión: Conjunto de caracteres gráficos que acompañan a la ilustración y afinan lo expresado, añadiendo sentidos difíciles de expresar visualmente como el movimiento, la sensación, etc.
- Onomatopeyas: Expresiones verbales del sonido de las cosas, muy empleadas en la historieta.
- Historia o anécdota: Temática general de la obra, ya sea un relato extenso como una novela, por entregas como una revista o un "gag" cómico de tres viñetas"[63].

A nivel de la función que desempeña la novela gráfica como todas formas de arte, la función no está determinada en la sociedad a parte de entretener al público, parodiar la realidad o transmitir mensajes al lector[64]. Sin embargo, la novela gráfica puede tener fines pedagógicos o explicativos siendo una técnica de comunicación.

De un modo general una novela gráfica, a nuestra era no es una obra de un solo profesional. Consta profesionales como:

- "Guionista: Escritor que construye la historia y define los eventos que sucederán.
- Dibujante: Artista visual que ilustra a los personajes y las situaciones que componen la historia.
- Colorista: Artista secundario que se encarga de añadir los colores y sus grados mediante un programa de computadoras.
- Letrista: Diseñador gráfico encargado de añadir los cuadros de texto, las tipografías de los mensajes escritos y otros detalles gráficos que afinan el cómic"[65].

Los pasos para componer una novela gráfica son parecidos a una historieta. Ellos son:

- La escritura del guion, donde se establecen los eventos que ocurrirán en el orden adecuado.
- La conceptualización gráfica de los personajes y los escenarios (cómo lucirán, cómo serán visualmente)

---

[63] https://www.caracteristicas.co/historieta/ consultado el 27/03/2019.
[64] *Ibidem.*
[65] *Ibidem.*

- La producción de un boceto en el que ya estén las viñetas y qué mostrará cada una
- La rotulación de las viñetas en sus lugares definitivos y la ilustración de qué habrá en cada una
- El añadido del texto y los detalles gráficos.

A modo de ejemplo de una página de una novela gráfica citamos estas dos imágenes:

Figura 23: Imagen mostrando como se presenta una novela gráfica en general. *Virus Tropical'*, de Power Paola consultada en https://valentinvano.wordpress.com/2013/07/30/novela-grafica-latinoamericana-2/ el 19/01/2019.

Figura 24: Imagen mostrando como se presenta una novela gráfica en general *Tolák, El Joven guerrero maya*, 1980, ©Julio Berríos consultada en https://journals.openedition.org/artelogie/ el 19/01/2019.

Analizando los rasgos característicos de la novela gráfica, constatamos una renovación tanto al nivel estilístico como narrativo. A base a esta constatación nos dedicamos a estudiar lo renovado en *Conjunto vacío.*

3.2. Lo renovado en *Conjunto vacío*

Hablando de *Conjunto vacío* como una renovación de la novela gráfica, notamos primero que Verónica Gerber Bicecci es ella misma que escribe la historia y conceptualiza la gráfica de los personajes y los escenarios. Es de esta manera que se define a sí misma como una artista visual que escribe. En *Conjunto vacío* los gráficos son dados por los diagramas de Venn que se utilizan en la teoría de conjuntos. En vez de conceptualizar el grafismo y añadir el texto en los globos, prefiere contar la historia y después a partir de la teoría de conjuntos ilustrar lo que acaba de narrar o lo que silencia o más aún lo indecible. Si nos referimos a la definición de la teoría de conjuntos en matemáticas, diremos que el "concepto de conjunto es considerado primitivo y ni se da una definición de este sino que se trabaja con la notación de colección y agrupamiento de objetos, lo mismo puede decirse que se consideren primitivas las ideas de elemento y pertenencia"[66]. En esta concepción la característica esencial de un conjunto es la de estar bien definido, es decir que de un objeto particular determinar si éste pertenece o no al conjunto.

Por ejemplo en *Conjunto vacío* Verónica Gerber Bicecci narra la historia del personaje principal y El Tordo. Una historia de amor que existe entre los dos. Dice:

> Así que repasé la secuencia de sucesos una y otra vez, corté minutos de aquí y de allá, y terminé por darme cuenta de lo obvio: siempre estamos haciendo un dibujo que no alcanzamos a ver por completo. Solamente tenemos un lado, una artista de nuestra propia historia, y el resto permanece oculto. No vale la pena contar los detalles del rompimiento, pero el proceso fue más o menos este: Erase una vez una intersección YT[67].

La "Y" es el "yo" es decir el personaje principal y el "T" su novio El Tordo. Entonces Verónica y el Tordo (T) se convierten en dos elementos de distintos conjuntos. De estos elementos nace una intersección y en esta intercesión aparece un vacío. Este vacío representa el inicio de sus problemas que les llevarán a la ruptura. A lo largo de la novela hay otros elementos, mejor digamos otros personajes que entraron en este conjunto pero al final la intersección se resultó sin solución. De allí el título de la obra *Conjunto vacío*. Notamos que un conjunto que no tiene elementos es llamado conjunto vacío, conjunto nulo, lo que se denota por el símbolo "$\emptyset$" y es este símbolo que se ve en la cubierta de la obra.

Observamos la imagen siguiente:

[66] http://colposfesz.galeon.com/est501/conjunto/teoconj.htm consultado el 28/03/2019.
[67] Verónica Gerber Bicecci, *Conjunto vacío*, *op.cit.* p.26.

Erase una vez una intersección YT

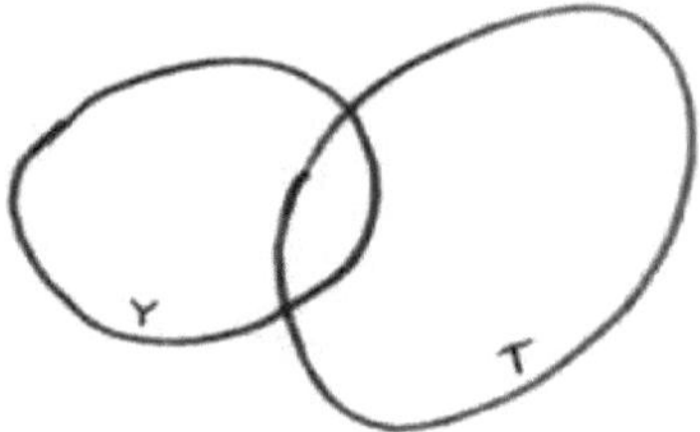

De pronto, en la intersección YT aparece un vacío

Figura 25: Imagen mostrando el uso del diagrama de Venn como recurso narrativo. Verónica Gerber Bicecci, *Conjunto vacío*, *op.cit.*, p.26.

Verónica Gerber Bicecci pasó la historia bajo esta forma, utilizando el lenguaje matemático para que el lector la comprendiera mejor. Lo que hasta ahora es muy diferente de la gráfica que encontramos en las novelas gráficas. No se limitó a *Conjunto vacío*. Escribió otras obras visuales.

3.3. Las otras obras visuales de Verónica Gerber Bicecci

Las otras obras visuales de Verónica Gerber Bicecci son:

- *Palabras migrantes*: es un taller que Verónica Gerber Bicecci impartió en 2017, en que se hace una recopilación de los dibujos de los estudiantes estadounidenses y migrantes en la Jackson Hole High School, Jackson Hole Middle School, Journeys Elementary School, Journeys High School y Community School, en Jackson Hole, Wyoming. Es un recorrido en audio de los emojis que dibujaron los estudiantes y migrantes. En la obra revela una experiencia de reflexión con niños y jóvenes "sobre tres palabras clave: migrante, frontera y traducción." La imagen siguiente resume todo el taller.

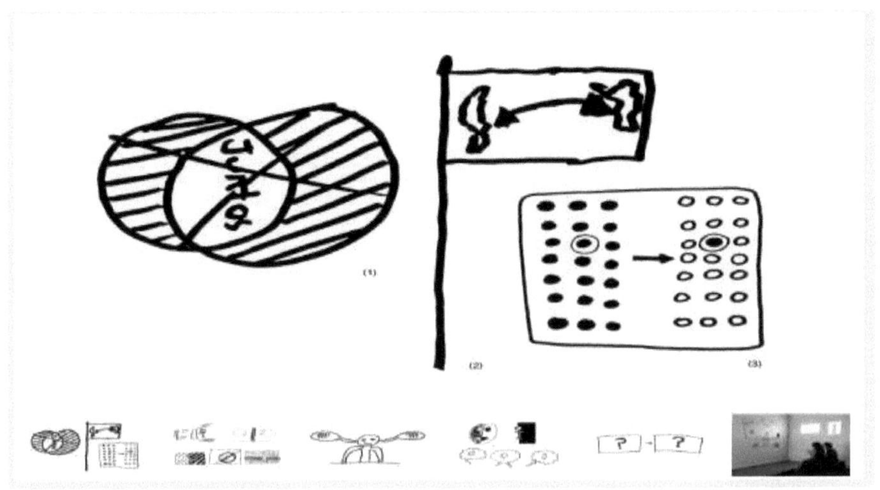

Figura 26: Imagen mostrando Los dibujos que hicieron los estudiantes estadounidenses y los migrantes. Verónica Gerber Bicecci, *Palabras migrantes,* 2017 consultada en http://www.veronicagerberbicecci.net/index.php/es/conferencias/conferencia-secreta-2 **el 13/03/2019.**

- *El Significado del silencio*: obra publicada en 2016, Verónica Gerber Bicecci se fundamenta en el ensayo, *La Significación del silencio*, de Luis Villoro para dibujar una radiografía de pautas. Ella misma afirma:

> Cada una de sus comas, puntos y coma, dos puntos, puntos y seguido, y puntos y aparte son la pauta para imaginar el mecanismo del silencio, ese lenguaje negativo que se construye de manera invisible en todo texto. O, como Villoro lo describe, "la materia en la que la letra se traza, el tiempo vacío en que fluyen los fonemas[68].

Citamos estas imágenes a modo de ejemplo:

[68] http://www.veronicagerberbicecci.net/index.php/es/dibujos/la-significacion-del-silencio consultado el 08/03/2019.

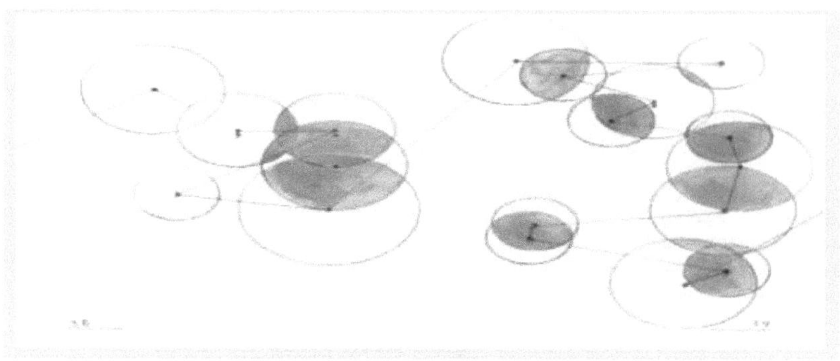

Figura 27: Imagen mostrando las pautas de radiografía.
Verónica Gerber Bicecci, *El Significado del silencio,* 2016 consultado en http://www.veronicagerberbicecci.net/index.php/es/dibujos/la-significacion-del-silencio 13/03/2019.

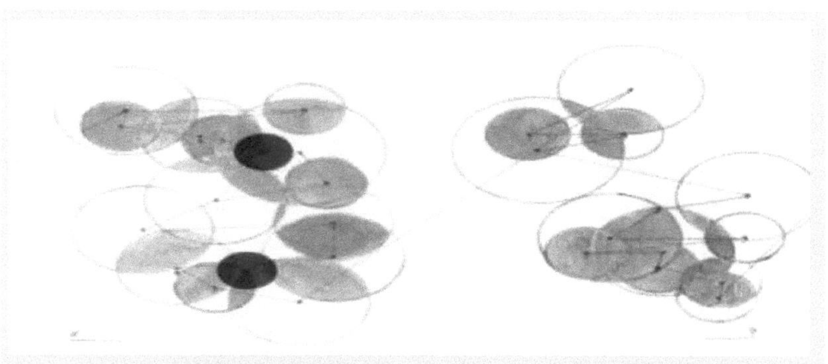

Figura 28: Imagen mostrando las pautas de radiografía
Ibidem.

- *El Vacío amplificado*: En ella Verónica Gerber Bicecci se inspira en las obra de José Clemente Orozco para hacer un ejercicio de reflexión sobre el vacío. Realizó la obra cuando residía en PAOS GDL en la Casa-Taller José Clemente Orozco. En estas dos imágenes se verifica una vez más su ingenio artístico

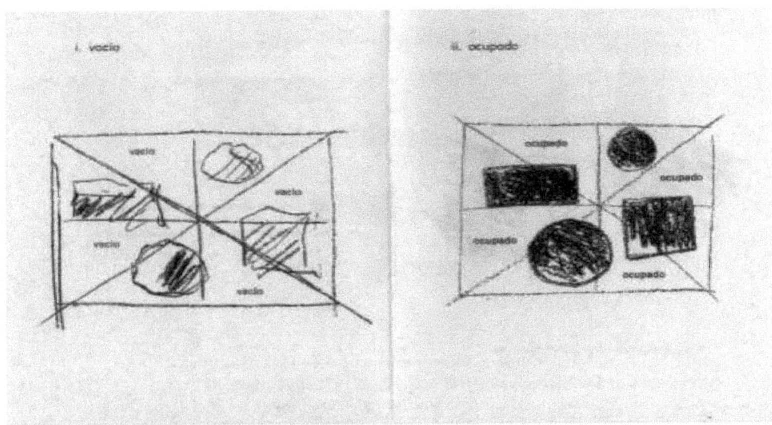

Figura 29: Imagen mostrando la reflexión sobre el vacío.
Verónica Gerber Bicecci, Vacío amplificado, 2016 Consultada en http://www.veronicagerberbicecci.net/index.php/es/dibujos/elvacioamplificado el 13/03/2019.

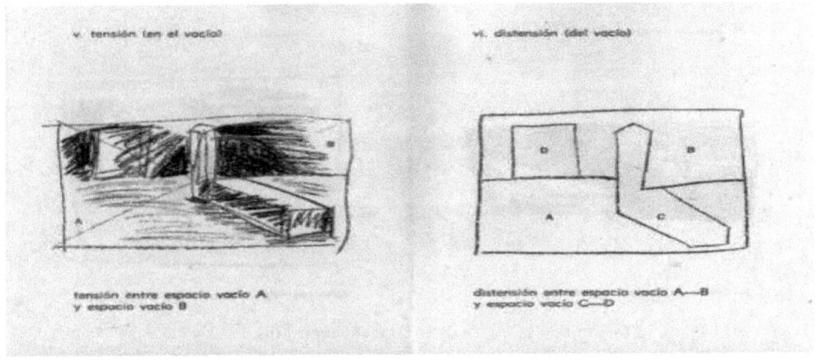

Figura 30: Imagen mostrando la reflexión sobre el vacío.
Ibidem.

- *Los Hablantes2*: En esta segunda parte de *Los Hablantes,* se inicia un diálogo conflictual dentro de una comunidad. El principio estructural de la lógica de conjuntos está mantenida. Estos murales pueden clasificarse como una exploración formal del comic abstracto. Son una reescritura de *La Historia de 2 cuadrados* de El Lissitsky publicado en 1922, un libro para niños[69]. A modo de ejemplo citamos las imágenes siguientes:

[69] http://www.veronicagerberbicecci.net/index.php/es/murales/los-hablantes-ii#g_1_0 consultado el 13/03/2019.

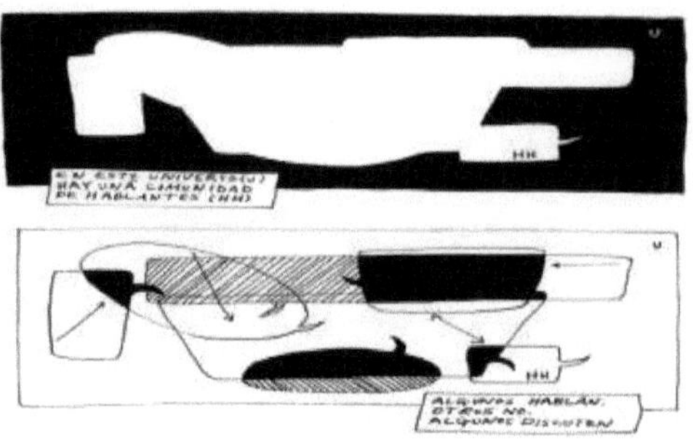

Figura 31: Imagen mostrando la lógica de la teoría de los conjuntos.
Verónica Gerber Bicecci, Los *Hablantes2,* 2016. Consultado en http://www.veronicagerberbicecci.net/index.php/es/murales/los-hablantes-ii el 13/03/2019.

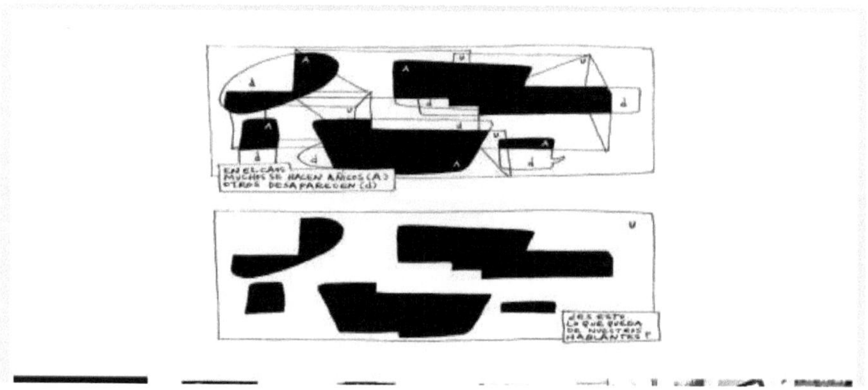

Figura 32 mostrando la lógica de la teoría de cojuntos.
Ibidem.

Verónica Gerber Bicecci, de las artes visuales, llegó a la novela gráfica, una novela gráfica renovada. El estilo narrativo es muy especial en el hecho de que, a partir de la teoría de los conjuntos llega a escribir una novela de tan luminosidad. La teoría de los conjuntos da una cierta visibilidad a la historia que se narra, y permite también su comprensión. Analizando la obra en su profundidad, y a partir de los elementos visuales que presenta, nos preguntamos ¿si no se trata de un nuevo género narrativo?

II. El género de la novela visual

En la introducción de este trabajo, hablábamos del acercamiento de Thierry Smolderen que conducía al nacimiento del género de la novela visual:

> Nous assistons [...] à l'émergence d'un nouveau genre, unifié par la reconnaissance d'une identité commune entre romanciers traditionnels et romanciers graphiques, et qu'on pourrait qualifier de manière plus générale, de *roman visuel* – un genre dont le roman graphique serait le versant « bande dessinée », et dont les romans de type *House of Leaves, The City of Glass* et *Extremely Loud and Incredibly Close* constitueraient le versant littéraire. (« Graphic novel / roman graphique »[70].

Si nos referimos a esta definición de Thierry Smolderen, el nacimiento de la novela visual surgió del acercamiento entre la novela tradicional y la novela gráfica. Este género constituye la unión entre la novela gráfica y la novela tradicional. Recordemos que la presencia de ilustraciones en una novela es una práctica antigua. "Las relaciones entre imagen y texto se conocen por el nombre de écfrasis. Su significado original como concepto retórico hace referencia a la representación literaria de una imagen, pero con el tiempo se ha ido utilizando cada vez más para señalar las relaciones entre texto e imagen y aludir a la aplicación de su análisis intermedial"[71] La imagen en el texto adquiere una nueva dimensión con el desarrollo de la llamada literatura posmodernista ya a fines de la década de 1960[72]. De igual importancia, Côme Martin en su tesis doctoral recuerda que Brian McHale en su obra de referencia sobre la ficción posmodernista, notaba que ya la imagen no tenía su plaza en la novela en el periodo modernista y que los autores posmodernistas la reintroducirán en sus novelas como un modo de discurso que participa en el relato[73]. Siendo la imagen una ilustración del texto en el periodo moderno, notamos que la imagen en la novela posmoderna no es solo una mera ilustración sino que participa plenamente en el relato. Constituye un elemento narrativo al relato o asegura su continuación. Basándonos en el acercamiento de Thierry Smolderen, cabe mencionar que el cómic es un subgénero de la novela visual. A este subgénero se pueden añadir la fotonovela y el "álbum de jeunesse" que según sus definiciones, cumplen las características para considerarse como subgénero de la novela visual. Así la fotonovela se define según Silvia

---

[70] Thierry Smolderen, « Graphic novel / roman graphique, *la construction d'un nouveau genre littéraire* », *art-cit,*.

[71] Consultado en https://www.jstor.org/stable/41671796?seq=1 el 05/12/2019.

[72] Côme martin, *Le roman visuel, relation entre texte et image dans la bande dessinée et le roman américains comtemporain,s op. cit.* p15.

[73] *Ibidem,* p.15.

Dorance como "un género editorial bastante conocido en Europa, donde tiene un público principalmente femenino y popular sobre todo porque trata casi siempre de historias sentimentales. Su principal característica es que ofrece una narración en fotografías, al igual que el cómic la ofrece en dibujos. Ambos géneros están muy relacionados desde el punto de vista gráfico y estructural."[74] El "album de jeunesse" por su parte se define como "une forme littéraire, caractérisée par un mode de narration fondé sur l'utilisation conjointe de l'image et du texte. "[75]

En esta parte de nuestra investigación nos basaremos en *Conjunto vacío* para identificar los recursos narrativos presentes en ella.

1. Los recursos narrativos

Conjunto vacío, se construyó a partir de recursos narrativos, en un espacio ficcional relacionando la palabra con la imagen y se asienta en tres dimensiones: El lenguaje verbal, el lenguaje visual y el lenguaje espacial. Estas tres dimensiones remiten a la frase de Michel de Certau: "El espacio es al lugar lo que se vuelve la palabra al ser articulada"[76] La narración no es lineal y convencional. Se trata de una narración con párrafos cada vez más cortos, figuras geométricas y espacios casi vacíos. La mayor parte del libro contiene figuras que en algunos momentos ilustran lo dicho y en otros lo indecible. Las imágenes forman parte de la historia en sí misma. Los espacios vacíos y las figuras geométricas forman parte entonces de la narración. Dentro de estos recursos narrativos, uno de los que abundan en la obra y que casi están presentes en toda la obra son los recursos gráficos.

---

[74] https://sites.google.com/site/fotonovelaysuusoeducativo/definicion-utilidad-y-fases-necesarias/caracteristicas-de-la-fotonovela consultado el 12/12/2020.

[75] https://salledesprofs.org/album-de-jeunesse-pour-un-enrichissement-intellectuel-et-moral-de-lenfance/ consultado el 15/02/2020.

[76] Michel de Certau, *La Invención de lo cotidiano,* traducido del francés por Alejandro Pescador. *1 Artes de hacer*, México, 2000. [En línea]. https://monoskop.org/images/2/28/De_Certeau_Michel_La_invencion_de_lo_cotidiano_1_Artes_de_hacer.pdf consultado el 04/04/2020.

2. Los recursos gráficos

Elemento fundamental de la osamenta de la obra, la mayor parte de la historia que cuenta Verónica Gerber Bicecci puede entenderse como la teoría de los conjuntos. La presencia de los dibujos en la novela no es una mera representación sin sentido sino que es la historia en sí misma que cuenta la novela así que todos los gráficos presentes en la novela tienen sentido. Ilustran lo dicho, o representan lo inefable. El uso de los gráficos por Verónica Gerber Bicecci da un sentido visual a la obra. La utilización de estos recursos gráficos es también un recuerdo de la artista visual francesa Valérie Mréjen, y de la española Natalia Carrero, autora de la novela gráfica *Letra rebelde* publicada en 2006 por las ediciones Bella Infinita.

La primera página de la portada de *Conjunto vacío,* introduce al lector al universo matemático en que se ha desarrollado la obra. El uso de los diagramas y de las figuras geométricas está presente en toda la obra. Los diagramas de Venn dan una dimensión visual a la obra. Permiten organizar el relato. Los diagramas dan una particularidad a la obra. Antes de empezar la lectura propiamente dicha de la obra, el lector se enfrenta al título de la obra que es el resultado nulo de un conjunto de teorías, seguido de su símbolo (∅). Los diagramas no son solamente un dibujo para explorar los diferentes aspectos de la obra sino también permiten definir los aspectos estilísticos de la producción literaria de Verónica Gerber Bicecci. Los diagramas son al servicio de la narración, gracias a su modo de representación no verbal. Su presencia en la obra tiene mucho sentido. Uno es la reflexión que Verónica Gerber Bicecci intenta darnos sobre cómo a través de los conjuntos se puede comprender el mundo: "A través de ellos se puede ver el mundo «desde arriba», por eso me gustan los diagramas de Venn."[77] El otro sentido es que intenta darnos a conocer la implicación política que tiene que ver con el uso de los diagramas de Venn durante la dictadura militar en Argentina.

En efecto durante la dictadura militar en Argentina se prohibió la enseñanza de los diagramas: "No hay mucha documentación al respecto, pero durante la dictadura militar en Argentina se prohibió su enseñanza en las escuelas."[78] Una de las razones que especula Verónica Gerber Bicecci es que los diagramas permiten a las personas reunirse bajo una misma idea o intereses: "y la dictadura, desde la perspectiva de los conjuntos, no tiene ningún sentido

[77] Verónica Gerber Bicceci, *Conjunto vacío, op. cit.*, p.84.
[78] *Ibidem.*, p.84.

porque su propósito es, en buena medida, la dispersión: separar, desunir, diseminar, desaparecer." Así lo explicita:

> Sabemos, por ejemplo, que un jitomate pertenece al conjunto de jitomates(JI) y no al de cebollas(C) ni al de chiles(CH) ni al de cilantro(CI). ¿Dónde está la amenaza en un razonamiento como ese? En la teoría de los conjuntos, los jitomates, cebollas y chiles podrían darse cuenta de que son alimentos distintos, pero también de que tienen cosas en común, como el hecho de que todos podrían pertenecer al conjunto salsa pico de gallo(SPG) y,al mismo tiempo, al Universo(U) de plantas cultivadas(PC) y, tal vez, unir fuerzas contra algún otro conjunto o Universo(U). Por ejemplo, el de la salsa picante enlatada(SPE). En pocas palabras, hacer una comunidad de vegetales. Los diagramas de Venn son herramientas de la lógica de los conjuntos. Y la dictadura, desde la perspectiva de los conjuntos, no tiene ningún sentido porque su propósito es, en buena medida, la dispersión: separar, desunir, diseminar, desaparecer. Tal vez es eso lo que les preocupaba, que los niños aprendieran desde pequeños a hacer comunidad, a reflexionar en colectivo para descubrir las contradicciones del lenguaje, del sistema.[79]

Esta política que llevó el gobierno militar de aquel entonces, condujo a la dispersión y separación de la familia de Verónica la protagonista principal, es decir el hecho de huir de la dictadura por sus padres a México, así separándose de la gran familia que se quedó en Argentina. Esta dictadura produjo también la desaparición de casi treinta mil de personas. Así pues los diagramas de Venn para Verónica Gerber Bicecci, es una forma a través de la teoría de conjuntos de encontrar unidad a la vida y de esta manera reclama a los perdidos de la historia. Pero como resultado, el conjunto resultó vacío. Este resultado es la consecuencia de esta dictadura militar que ocasionó muchas desapariciones y dispersiones.
Con la serie de diagramas cada vez más compleja utilizada, Verónica Gerber Bicecci ilustra la representación del mundo cotidiano y el hecho histórico que intenta resaltar tras la dictadura militar. Estos dos planos se vuelven personales cuando Verónica y su hermano (H) visitan la casa familiar en Argentina donde vive su abuela (A_B).

En *Conjunto vacío*, Verónica Gerber Bicecci encuentra la forma adecuada para narrar la desaparición, la ruptura, el desarraigo y el desamor con que se enfrentó la protagonista principal en su adolescencia. *Conjunto vacío* es el recuerdo de este pasado doloroso. La teoría de conjuntos se ha vuelto para Verónica Gerber Bicecci, la forma nítida de la narración el desamor, la desaparición, el desarraigo y esto da una precisión casi científica a la obra. Este

---

[79] *Ibidem.*, p.84.

conjunto es también una representación de la historia familiar de Verónica. El uso de los diagramas por Verónica Gerber Bicecci, es para dar a conocer lo difícil que resultan las relaciones familiares, amicales y amorosas. Los diagramas permiten al lector percibir la relación compleja que mantiene los distintos personajes de la obra. Verónica Gerber Bicecci intenta ofrecer a los lectores con los diagramas, la mejor manera de entender los problemas de Verónica. Cuando Verónica está harta de la situación que vive y sus emociones dominan la lógica, el lenguaje falla. Pero Verónica Gerber Bicecci a partir de los diagramas, sale de este estado de sin palabra y comparte la vida interior de Verónica con los lectores. Los diagramas permiten también al lector analizar las relaciones que entretienen los personajes. Como funcionamiento de la teoría de los conjuntos, cada elemento de estos conjuntos es representado por las letras iniciales de los nombres de los personajes. Así Verónica Gerber Bicecci atribuye una letra a cada personaje para poder representarlo en la teoría de los conjuntos para que el lector pueda hacer un análisis de las relaciones que tienen los personajes. Con estos dibujos intenta comprender el mundo en su sentido más complicado: "Así que repasé la secuencia de sucesos una y otra vez, corté minutos de aquí y de allá, y terminé por darme cuenta de lo obvio: siempre estamos haciendo un dibujo que no alcanzamos a ver por completo."[80] El uso de los diagramas de Venn por Verónica Gerber Bicecci en la obra es para dar sentido a las cosas que pueden desafiar la lógica como el desamor, la desaparición, el destierro y de esta manera explora los límites del lenguaje humano.

Algunos dibujos en *Conjunto vacío* son homenajes a unos artistas visuales como se puede notar en los agradecimientos de la autora, y no tienen nada que ver con los temas del libro. A modo de ejemplo citamos las imágenes siguientes:

Figura 33: Homenaje a Cy Twombly.[81]

[80] *Ibidem.*, p.26.
[81] *Ibidem.*, p.45.

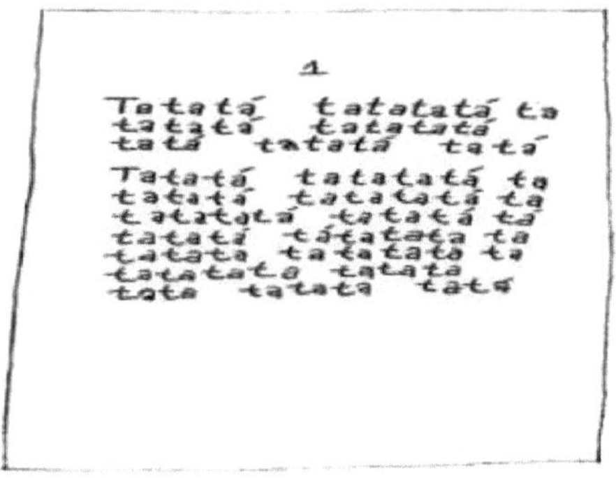

Figura 34 : Homenaje a Ulises Carrión.[82]

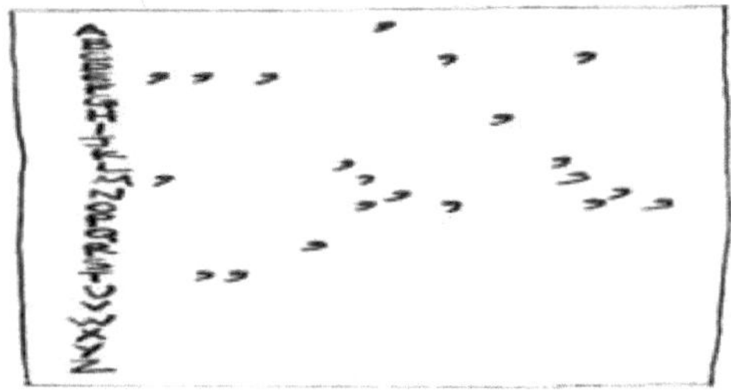

Figura 35 : Homenaje a Alghiero Boetti.[83]

Figura 36 : Homenaje a Jacques Calonne.[84]

[82] *Ibidem.*, p. 105.
[83] *Ibidem.*, p. 106.
[84] *Ibidem.*, p.106.

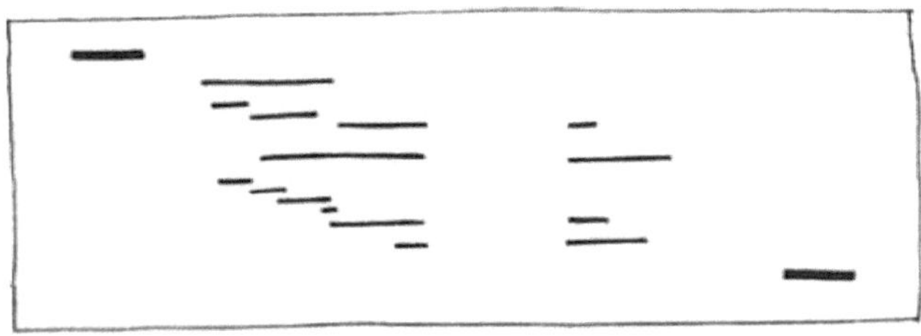

Figura 37 : Homenaje a Marcel Brodthoers.[85]

Figura 38: Homenaje a Carlfriederich Claus.[86]

Figura 39 : Homenaje a Mirtha Dermisaches.[87]

[85] *Iibdem.*, p. 107.
[86] *Iibdem.*, p. 107.
[87] *Ibidem.*, p.108.

Figura 40 : Homenaje a Roberto Altmann.[88]

Figura 41: Homenaje a Clemente Padín.[89]

Figura 42: Homenaje a Vicente Rojo.[90]

[88] *Iibdem.*, p.108.
[89] *Iibdem.*, p.109.
[90] *Ibidem.*, p 109.

Figura 43 : Homenaje a Carlos Amorales.[91]

Los gráficos constituyen una piedra angular y la osamenta de *Conjunto vacío*. Participan en el relato. Además de este recurso narrativo se notan también otros recursos que participan plenamente en la narración. Unos de estos recursos son los espacios vacíos y los párrafos cortos.

3. Espacios vacíos, párrafos cortos y el verlan

En *Conjunto vacío,* todos los elementos que participan en la narración tienen un sentido concreto. Las páginas vacías no son meros espacios blancos sino que son elementos del relato. "Cada espacio en blanco tiene un sentido y es parte de todo ese conjunto vacío o máquina de desaparición que busca ser el libro."[92] Hay realidades que sobrepasan el entendimiento y que las palabras no pueden contar: "Hay cosas, estoy segura, que no se pueden contar con palabras."[93] Cuando algo sucede a alguien y le daña severamente, no le apetece contar nada a nadie. Hace la conclusión que no decir nada es la mejor solución. Así cada espacio en blanco en *Conjunto vacío* explica esta incapacidad de contar unos episodios que ocurrieron a Verónica. En la página once de la novela, cuando el Hermano de Verónica (H) le hizo la pregunta a Verónica si volvió, Verónica no contestó y nunca contestó a esa pregunta a lo largo del relato.

En efecto, Verónica acababa de regresar al departamento de su madre tras la ruptura con su novio el Tordo (T). Al no contestar a su Hermano (H), dejó una página casi blanca. Este espacio dejado en blanco puede explicarse como los trastornos que ha sufrido Verónica y que ella no tenía palabras para contar. Esto sucede en la mayor parte del libro, lo

[91] *Iibdem.*, p.110.
[92] http://gastv.mx/entrevista-veronica-gerber-bicecci/ consultado el 10/11/2019.
[93] Verónica Gerber Bicceci, *Conjunto vacío*, *op. cit.*, p.117.

que deja el lector en una cierta incertidumbre y le permite participar plenamente en el relato imaginando lo que calla la narradora. La utilización de folios casi vacíos en la composición del relato remite a la elipsis, un proceso narratológico que consiste en silenciar una parte de la narración para permitir su evolución. Nos encontramos también con párrafos cortos como los de las páginas veintiocho; treinta y uno; treinta y nueve; cuarenta y cuatro y muchas otras. El uso del verlan para transcribir las cartas que escribió Verónica a Salona (Alonso) no pasa desapercibido como puede averiguarse en las páginas treinta y dos, ciento veinticinco, ciento treinta y cuatro, ciento treinta y nueve y ciento noventa y dos. A modo de ejemplo citamos el fragmento siguiente:

> "Toyes doneanpla nu jevia a Natigenar a nif ed oña.Em ríatagus eup gasven. ¿Éuq cesdi?"[94]

Conjunto vacío narra la historia de Verónica una hija de padres exiliados. Para narrar los acontecimientos, Verónica Gerber Bicecci utilizó los diagramas de Venn que se utilizan en la teoría de los conjuntos y las figuras geométricas para poner en relación los personajes que actúan en la obra y el espacio en que suceden las acciones. Desde allí podemos hacernos la pregunta si la literatura y las matemáticas no mantienen una cierta relación.

---

[94] *Iibdem.*, p.32.

4. Relación entre la literatura y matemática

Desde la época de los trovadores hasta la actual, desde la combinatoria hasta la topología, desde la poesía hasta la novela de aventuras, la literatura y las matemáticas se cruzan con frecuencia[95]. A lo largo de la historia se han producido múltiples intersecciones entre ambas disciplinas que cohabitan en la frontera del mundo científico y artístico. En algunos poemas se nota una matematización de la literatura. En *La Voz a ti debida*, Pedro Salina, para cantar el amor de la mujer amada y expresar el dolor como una última forma de amor, utiliza el lenguaje matemático. Miguel de Unamuno también escribió *Tabla de multiplicar* en la que canta las cifras. Pablo Neruda por su parte mezcla letras con cifras en *La Oda a los números.*

Citamos por ejemplo estos poemas de Pedro Salina, Miguel de Unamuno y Pablo Neruda en los que se nota la presencia de las matemáticas:

La Voz a ti debida:

"¡Sí, todo con exceso:
la luz, la vida, el mar!
Plural todo, plural,
luces, vidas y mares.
A subir, a ascender
de docenas a cientos,
de cientos a millar,
en una jubilosa
repetición sin fin,
de tu amor, unidad.
Tablas, plumas y máquinas,
todo a multiplicar,
caricia por caricia,
abrazo por volcán.
Hay que cansar los números.
Que cuenten sin parar,
que se embriaguen contando,

[95]Consultado en https://www.heraldo.es/noticias/sociedad/2017/04/26/matematicas-literatura-literatura-las-matematicas-1171808-310.html# el 25/11/2019.

y que no sepan ya
cuál de ellos será el último:
¡qué vivir sin final!
Que un gran tropel de ceros."[96]

La Oda a los números:

"Cerrábamos la puerta,
de noche, fatigados,
llegaba un 800,
por debajo,
hasta entrar con nosotros en la cama,
y en el sueño
los 4000 y los 77
picándonos la frente
con sus martillos o sus alicates."[97]

Tabla de multiplicar:

2 x 2 son 4,
2 x 3 son 6,
¡ay que corta vida
la que nos hacéis!.

3 x 3 son 9,
2 x 5 10,
¿volverá a la rueda
la que fue niñez?.

6 x 3 18,
10 x 10 son 100.
¡Dios! ¡No dura nada
nuestro pobre bien!

---

[96] Pedro Salina, *La Voz de ti debida*, Alianza Editorial, España, 2012, p.136.
[97] Fragmento de la poesía de Pablo consultado en https://www.sectormatematica.cl/poemas/poema_10.html en 23/11/2019.

Infinito y cero,
¡la fuente y el mar!.
¡Cantemos la tabla
de multiplicar![98]

Esta matematización del lenguaje en las producciones poéticas no se limita a estos tres autores sino también podemos citar, Danny Perich, Rafael Alberti y otros más. El estilo y la estructura de la poesía en sí mismos tienen algo que ver con las matemáticas. Se pueden considerar la métrica, las pausas y los silencios como referencias matemáticas. Esto fenómeno de la matematización de la poesía se extiende también en la novela.

Por parte de la novela en muchos ámbitos, algunos autores utilizaron como recurso narrativo las cifras, los teoremas y las figuras geométricas para escribir sus obras. En *El Rescoldo* de Joaquín Leguina por ejemplo, se nota una trama sentimental que va a la par con otra matemática. En esta novela Leguina intenta demostrar el último teorema de Fermat. También en Las aventuras de Alicia en *El País de las maravillas,* Lewis Carroll escribe un cuento para los niños en el que propone juegos de lógica, de palabras, de adivinanzas y de pasatiempos matemáticos. Verónica Geber Bicecci por su parte en *Conjunto vacío,* se fundamentó en la teoría de los conjuntos para narrar la historia de Verónica una hija de exiliados argentinos, usando las figuras geométricas y los diagramas para mejor narrar los episodios. Esta narración de la historia con los elementos matemáticos, da una visión más clara de lo que expresa la autora dado que a muchos niveles de la novela, lo importante se calla y da lugar a representaciones matemáticas. La literatura y la matemática van entonces a la par y se entrelazan. La historia de la humanidad y la de la matemática están estrechamente ligadas. De esta manera "la matemática fue desarrollada en un universo en relación con las realidades culturales y tradicionales. Las matemáticas se encuentran en todos los dominios. Forman parte de la vida cotidiana. Tienen un importante rol en muchos dominios como la geografía, la arquitectura, las finanzas y la literatura. De todas las ciencias, las matemáticas son probablemente la disciplina que parece más extraña a la literatura"[99]. En *Le Testament de Newton* de Jean-François Buys y Fréderic Preys, profesores de francés y matemáticas, proponen a los alumnos en el marco de la enseñanza del francés y las matemáticas en el colegio, cómo dominar los capítulos que se enseñan en ambas asignaturas. En esta obra los autores abordan

[98] Poema de Miguel de Unamuno consultado en https://matemolivares.blogia.com/2012/083101-la-tabla-de-multiplicar-de-miguel-de-unamuno..php el 23/11/2019.
[99] https://www.actualites.uqam.ca/2014/relier-mathematiques-et-litterature consultado el 22/10/2019.

los métodos pedagógicos de las dos asignaturas. Aunque sea una obra literaria, la geometría y la álgebra la dominan. El objetivo de esta novela es que los alumnos reflexionen sobre las matemáticas y el francés. Se trata de hacer comprender a los alumnos, ambas asignaturas tras la lectura.

Conjunto vacío mantiene este diáıogo entre la literatura y las matemáticas. Para poner en relación los personajes, Verónica Gerber Bicecci utiliza los diagramas de Venn para crear una cierta visibilidad a la obra. Utiliza los diagramas para explorar las relaciones humanas. Primero usa los diagramas para representar visualmente la relación entre (Y/T) y (A/M_Y). Los personajes se han convertido entonces en elementos de la teoría de los conjuntos. En matemáticas, los elementos de un mismo conjunto pueden hacer intersección. Para la relación entre (Y) y (T), la autora utiliza dos diagramas que hagan intersección creando tres círculos. Pronto aparece una zona en negro. Esta zona negra se puede interpretar como una herida causada por un elemento del conjunto. A modo de ejemplo citamos las imágenes siguientes:

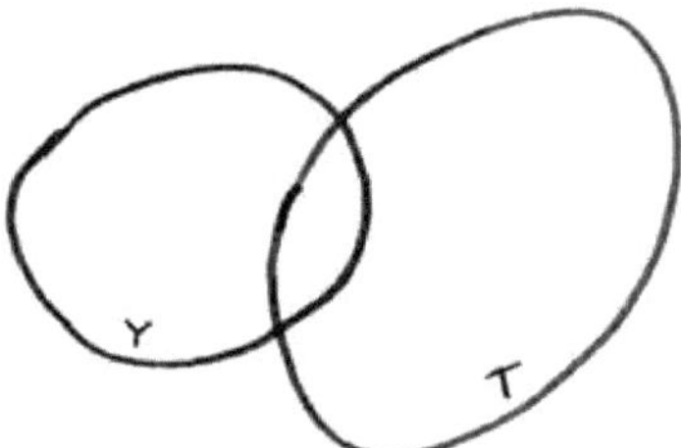

Figura 42:[100]

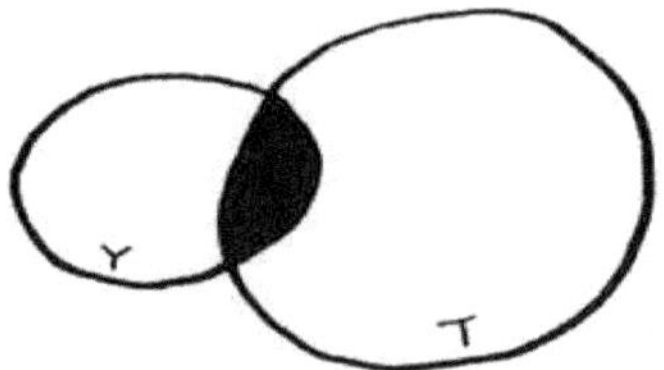

Figura 44: [101]

[100] Verónica Gerber Bicceci, *Conjunto vacío, op. cit.*, p.26.
[101] *Iibdem.*, p.26.

Pronto (T) se enamora de (E) y se aleja de (Y) provocando una separación con (Y) y deja (Y) sola. Citamos a modo de ejemplo las imágenes siguientes:

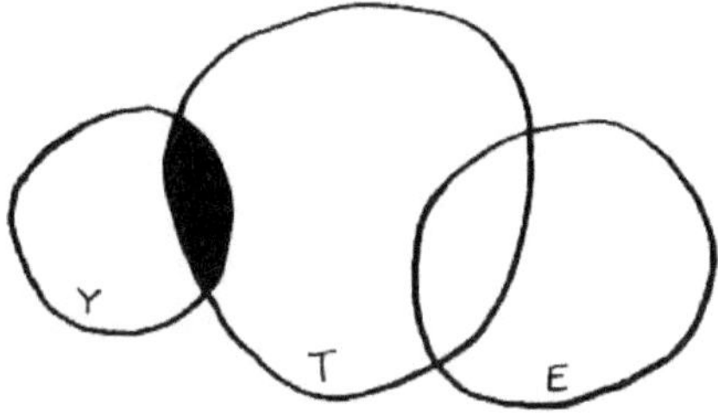

Figura 45: [102]

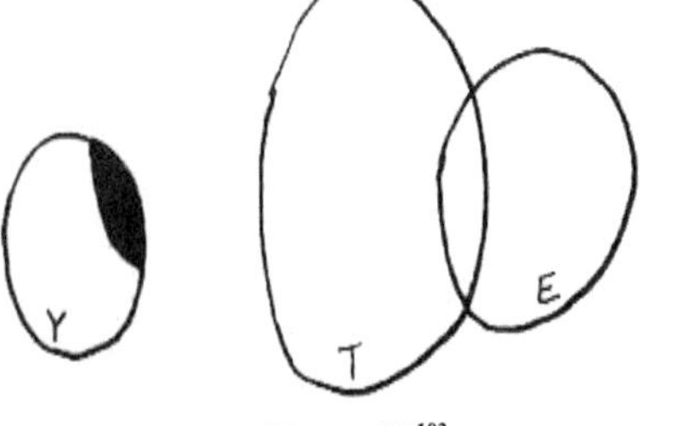

Figura 46:[103]

Figura47:[104]

Sin embargo hay matemáticos apasionados por la literatura, al igual que hay literarios apasionados por las matemáticas.

Otra vertiente de la matemática en la novela, es el uso de las figuras geométricas. Se nota a lo largo de la novela, el rectángulo como espacio físico en que se desarrolla la historia que cuenta la novela. El espacio físico en que los personajes ilustrados por los diagramas de Venn interactúan. De un punto de vista formal, se puede decir que la novela en su conjunto se fundamenta en los rectángulos para representar el espacio físico y los diagramas los personajes. A modo de ejemplo citamos la imagen siguiente en la cual casi todos los personajes interactúan.

[102] *Ibidem.*, p.27.
[103] *Ibidem.*, p.27.
[104] *Ibidem.*, p.27.

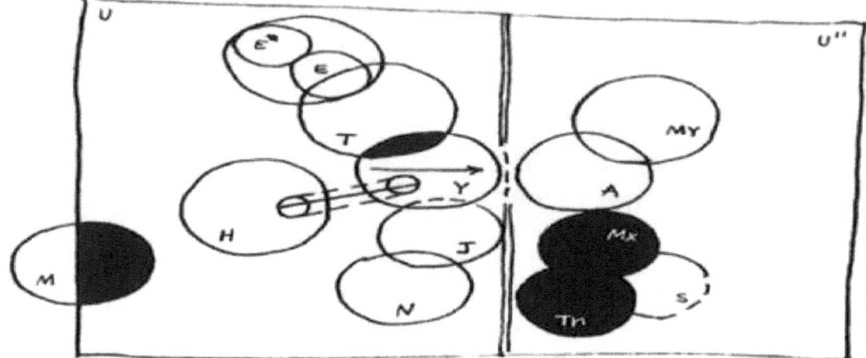

Figura 48:[105]

Se nota también la presencia de dos triángulos que se interpreta como la cruda realidad que existe entre el Tordo (T), su novia Elle (E) y Verónica (Y). A modo de ejemplo citamos la imagen siguiente:

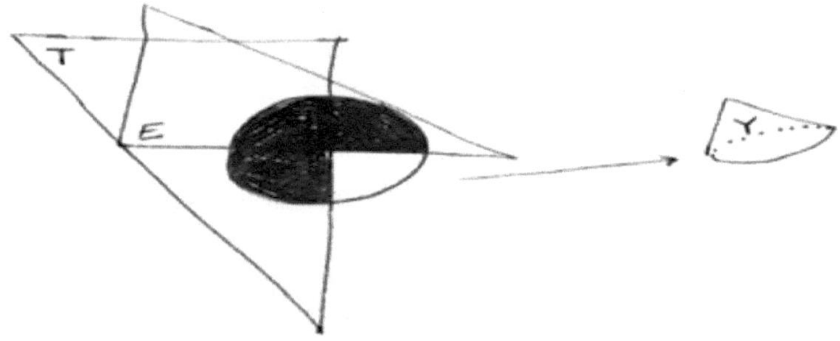

Figura 49:[106]

Abordar la relación entre las matemáticas y la literatura nos permite ver en qué sentido las matemáticas pueden influenciar las obras literarias y eso viceversa. Los elementos matemáticos presentes en *Conjunto vacío* se relacionan en la mayoría de los casos a la

---

[105] *Ibidem.*, p.54.
[106] *Ibidem.*, p.49.

ilustración de temas sociales que trata la novela a saber el amor, el desamor, el exilio, el desamparo, la orfandad y el desarraigo. Con relación a las ilustraciones en la novela notamos que las imágenes desempeñan unas funciones importantes en la narración. Así pues nos dicamos al estudio de estas funciones.

5. Las funciones de la imagen y el texto

En las novelas de hoy en día, nos encontramos con las imágenes. Todas estas imágenes en las obras no son meras representaciones. Sus presencias tienen un motivo concreto. Su significado cambia según el contexto en que se encuentra. Una imagen publicitaria no tendrá el mismo significado o la misma función que un cuadro. Pero todas lo que sean, son medios de comunicación.

La intermedialidad literaria siendo la relación entre texto e imagen, cada entidad es decir la imagen y el texto actúa un papel importante al ser reunidos. Recordemos que la literatura según Jean-Christophe Vallat en el número de verano de 2003 en la revista americano-francesa *L'esprit créateur* afirma que: ''La littérature s'est découvert médium une première fois lorsque d'autres média, phonographie ou cinématographie, sont venus déplacer le monopole culturel de l'écriture et de l'imprimerie.''[107] De hecho el texto siendo el texto y la imagen medio, nos interesamos a comprender cómo se interactúan para dar un sentido a la narración y qué función desempeñan en una la lectura, basándonos en el "album de jeunesse" cotejándolo con *Conjunto vacío*. De allí podemos preguntarnos si hay una primacía del texto sobre la imagen o si hay una primacía de la imagen sobre el texto

Frente a esta constatación Azema Julie, afirma lo siguiente, fundamentándose en el "album de jeunesse":

> Los autores de "album de jeunesse" pueden optar por dar un primado al texto en lugar de la imagen y en este caso, el texto se lee primero, lleva principalmente la narración y la imagen interviene solo en segundo lugar para confirmar o contradecir las palabras del texto. Además, se puede optar dar primacía a la imagen en relación con el texto y en este caso la lectura de la imagen se realiza ante la lectura del texto y es lo último lo que tiene sentido.[108]

Sigue afirmando que Sophie Van der Linden en este sentido utiliza los términos "instance priorité" y "instance secondaire".[109]

---

[107]Consultado en https://www.fabula.org/actualites/l-intermedialite-litteraire_3290.php el 03/12/2019.
[108] Consultado en https://dumas.ccsd.cnrs.fr/dumas-01585609/document el 04/12/2019.
[109] *Ibidem.*

Para Azema Julie este desequilibrio entre estos dos lenguajes puede entenderse desde un punto de vista de la organización de doble página. Afirma:

> Si la imagen ocupa un lugar predominante en el espacio y se coloca encima del texto que lo acompaña, entonces parece que el autor y el ilustrador querían darle prioridad a esta última. Si la imagen se encuentra en la página derecha, entonces el texto parece tener prioridad siempre que la dirección de lectura sea de izquierda a derecha. Del mismo modo, si volvemos a centrar este estudio en el espacio de una página donde coexisten texto e imagen, el diseño y la disposición de los elementos darán prioridad a uno u otro lenguaje.[110]

Van der Linden, a continuación de su análisis, nota que puede ocurrir que un medio no dé primacía sobre el otro y los dos medios en este caso interactúan simultáneamente. En este momento pertenece al lector de efectuar lo que denomina en sus términos «un rapide va et vient entre le texte et l'image».[111]

En *Conjunta vacío*, el texto da primacía sobre la imagen. El texto domina la imagen. La imagen en la mayoría de los casos ilustra lo dicho para darle más explicación o llamar la atención del lector sobre lo que se está narrando. En otros casos la imagen reemplaza el texto y se convierte ella misma en relato. Recordemos que Verónica Gerber Bicecci en unos momentos de la narración, se encuentra en incapacidad de describir lo ocurrido. Pero con la imagen transcribe esta parte de la narración silenciada. La imagen en este caso participa plenamente a la narración. La función de la imagen es pues múltiple. Sophie Van der Linden en su obra *Enfance et jeunesse*, encuentra seis funciones a la imagen y al texto, intentando demostrar el rol de una de las dos en comparación a la otra. Estas funciones son entre otras:

- **La repetición**

Como lo afirmaba Van der Linden anteriormente, "l'instance primaire" es el lenguaje que ocupa el primer lugar, siendo lenguaje visual o verbal. "L'instance secondaire" es la que viene después de la primera. Si Van der Linden habla de la función de repetición esto significa que "L'instance secondaire" no añade nada nuevo a la primera. En *Conjunto vacío* la imagen aparece en unos casos para ilustrar o dar más explicación a lo que se ha dicho ya. En este caso, se trata de una repetición dado que la parte verbal de la narración no omite nada de

---

[110]*Ibidem.*

[111] Van Der Linden S, *Lire l.'album*, Le Puy-en-Velay, Atelier du poisson soluble, 2007.

lo que la autora está narrando. Viene para dar una cierta visualidad a lo escrito. Es como lo verbal se convierte en lo digital.

- **La revelación**

Azema, retomando las palabras de Van der Linden, encuentra que el término "revelación" significa que hay un momento en que una instancia da vitalidad al otro. La relación entre las dos instancias permite una comprensión total del relato que narra los dos lenguajes. Sin esta revelación de una instancia por otra, la que no queda clara no permite al lector entender su mensaje. En *Conjunto vacío*, este fenómeno es recurrente en la medida en que la imagen permite al lector descifrar la parte de la narración que se queda confusa.

- **La selección**

Esta función permite a los dos lenguajes seleccionar elementos importantes del otro y utilizarlo de nuevo. Aquí el texto puede fomentarse en un aspecto de la imagen y desarrollar la trama en consecuencia a este elemento o la imagen puede enfocarse en un aspecto del texto, y se convierte en elemento de la narración. En *Conjunto vacío* la imagen de la página veinte por ejemplo se enfoca en la desaparición de la madre de Verónica, Mamá (M) descrita en la página diecinueve.

- **La función completiva**

Aquí se trata de una relación entre las dos instancias. Mejor dicho se trata de la ilustración de lo dicho en el lenguaje verbal o viceversa. En *Conjunto vacío,* las imágenes de las páginas veintiséis y veintisiete completan el lenguaje verbal por el cual la autora narra el encuentro de Verónica con el Tordo (T), después su separación con él y al final la unión entre el Tordo (T) con otra chica (E).

- **La función de contrapunto**

Aquí se trata de una contradicción entre los dos lenguajes. El lenguaje visual puede ir en contra del lenguaje verbal y viceversa. Un texto puede describir un paisaje, y al representar este paisaje, la imagen puede ilustrar otra. El ejemplo más ilustrativo en *Conjunto vacío*, es entre otros, las imágenes de las páginas ciento siete, ciento ocho y ciento nueve en que Verónica Gerber Bicecci hace un homenaje a unos artistas que no tiene ninguna relación con el texto y la narración.

- **La amplificación**

La función de la amplificación consiste en que un medio da más aclaración sobre el otro o contradice al otro. A menudo la imagen amplifica el texto con grandes ilustraciones. En *Conjunto vacío*, es la función que abunda. Las imágenes de las páginas veintiséis y veintisiete entre muchas otras, son una ilustración de lo que acababa de narrar la autora, es decir el encuentro de Verónica la protagonista principal con el Tordo (T) y luego la unión del Tordo (T) con otra mujer (E).

Las seis funciones del "album de jeunesse" aunque sean funciones propias del género "album de jeunesse" se aplican también a las novelas visuales. El análisis que hemos hecho de estas funciones equiparándolas con *Conjunto vacío*, revela que el "álbum de jeunesse" comparte las mismas funciones con la novela visual. Las imágenes *en Conjunto vacío*, son elementos narrativos o imágenes narrativas. El valor de las imágenes es en la mayoría de los casos, referencias a acontecimientos. Podemos hablar en este caso de la narración icónica, aquella narración que se hace a través de una imagen. Las imágenes en *Conjunto vacío* dan un equilibrio a la narración, sustentando lo escrito o desvelando lo no dicho.

Ahora que sabemos los elementos constitutivos de *Conjunto vacío,* y las funciones que desempeña la imagen en la obra podemos identificar los rasgos característicos de una novela visual.

6. Las características de una novela visual

La novela tradicional, como la novela visual, se caracterizan por elementos fundamentales. A las características de la novela tradicional, se añaden unas otras de carácter visual para constituir las de la novela visual. Para hablar de estas características, cabe redefinir el concepto "novela visual." Así una novela visual, es aquella novela a la vez textual y visual es decir que consta de imágenes y escritura. Es una narrativa en la que la imagen participa plenamente al relato, lo completa y lo equilibra. Para que hablemos de una novela visual, es necesario que la narrativa tenga las características siguientes además de las características de una novela tradicional:

- La novela tiene que ser escrita a partir de un lenguaje verbal y visual, es decir que la historia que cuenta la novela, tiene que ser escrita con palabras e imágenes.

- La imagen tiene que completar el relato o equilibrarlo.
- El relato tiene que ser desarrollado, explorando las posibilidades narrativas de la imagen.

Conjunto vacío es una novela que explora los límites y las potencialidades del lenguaje humano. Con los recursos narrativos y estilísticos que constan, Verónica Gerber Bicecci llega a sobrepasar los límites y las crisis del lenguaje. Con la historia de Verónica, la protagonista principal de la novela, Verónica Gerber Bicecci explora las diferentes posibilidades del lenguaje. Al saber todos los elementos constitutivos de *Conjunto vacío*, nos adentramos en el análisis de la obra en toda su profundidad.

III. El análisis de la obra

Verónica Gerber Bicceci siendo artista visual que escribe, la presencia de los elementos narrativos visuales como verbales en su *Conjunto vacío* nos motiva al análisis de la obra en su conjunto. Así pues con el motivo de estudio de la obra nos dedicamos a definir la metodología de análisis.

1. La metodología de análisis

Para el análisis de la obra, empezaremos con el estudio de los temas existentes en la narración para, luego, intentar estudiar los personajes principales y secundarios. Para concluir, realizaremos el estudio del espacio y el tiempo de la narración. Para todo ello, nos fundamentaremos en la metodología de análisis narratológico desarrollada por Gerald Genette.

2. Los temas

Verónica Gerber Bicecci nos cuenta, a través de la trama de la novela, sucesos que pasaron en la vida de Verónica, hija de exiliados argentinos. Entre estos sucesos se destacan la desaparición, el desamor, la orfandad, la dictadura, el desarraigo y el desamparo. Nos dedicamos entonces al estudio de estos temas.

2.1.La desaparición

El tema de la desaparición domina la obra. El episodio de la desaparición empieza en la víspera del cumpleaños de Verónica, la protagonista principal de la obra. Lo que ocurre es la desaparición de su madre en la habitación familiar, que no es solamente una desaparición en la vida de Verónica, sino también una desaparición en la vida de su hermano (H).

> ¿Cómo fue que llegamos aquí, a este punto? Todo se remonta a dos días antes de mi cumpleaños número quince. Invierno de 1995. Entonces Yo (Y) tengo todavía catorce años y mi Hermano (H) diecisiete. Era temprano en la mañana, estábamos saliendo a la escuela y mamá dijo que no. Dijo que era mejor quedarse en casa. Dijo que no prendiéramos la tele, que no prendiéramos nada. Dijo que había que guardar silencio. Nunca cumplí los quince, y eso que ya habíamos encargado un pastel de chocolate amargo para una fiesta que nunca se hizo. Su interminable ausencia —la de Mamá (M)— se llevó todos nuestros cumpleaños, enredó el paso del tiempo. No hay causa reconocible, solo efectos.[112]

[112] Verónica Gerber Bicceci, *Conjunto vacío*, *op. cit.*, p.14.

Verónica y su hermano (H) eran aún menores de edad, por lo que, siendo menores, la desaparición de su madre causa daños importantes en sus vidas diarias, un traumatismo que duraría hasta un momento considerable, un vacío que se queda en lo cotidiano de Verónica y su hermano (H): "El espacio que Mamá (M) debía ocupar estaba vacío, nos había dejado un pedazo de hueco, y el resto estaba fuera del Universo (U) visible, en un lugar desconocido."[113]
La última discusión que la madre (M) tuvo con Verónica y su hermano (H) se remonta al invierno de 1995, el mismo año que Verónica cumplía quince años. Ninguno de los dos sabe dónde se ha ido su madre (M), y no saben si fue secuestrada o si murió en un lugar desconocido: "Había cruzado una frontera que ni mi Hermano (H) ni Yo (Y) sabíamos cómo Cruzar."[114]
La desaparición de la madre (M) de Verónica y su Hermano (H) es un suceso inexplicable. No había ninguna huella para rastrear sus pasos y, como es obvio, no esperaban esa desaparición. Se enfrentaron, entonces, con la cruda realidad, siendo incapaces, además, de explicarlo, y no se puede explicar porque los dos desafortunados no saben dónde está su madre (M): "Hay cosas que solamente suceden entre el blanco y el negro y muy pocos pueden verlas. Algo así pasó con Mamá (M): una ilusión óptica, un misterio inexplicable de la materia."[115] Aunque no hay pistas para explicar la desaparición de la Madre (M), esta puede interpretarse bajo la perspectiva analítica siguiente: Es sabido que los padres de Verónica se han divorciado: "Papá tardó muchos años en darse cuenta de que Mamá (M) no estaba. A veces no estoy completamente segura de si se enteró, ellos no se dirigían la palabra desde el divorcio (o tal vez él es mucho mejor que nosotros actuando como si no pasara nada)."[116] De esta manera, quizás la madre (M) se ha ido a un lugar más lejos para encontrar el amor debido al divorcio con su esposo. La desaparición de la madre (M) puede verse también como figura de la desaparición de los argentinos durante la dictadura militar en la que treinta mil personas fueron encarceladas y torturadas, entre los cuales había un número importante de estudiantes. Incluso hoy en día, muchas de esas personas aún se encuentran desaparecidas. Esta dictadura es el motivo de la mudanza de los padres de Verónica a México, ciudad en que vivirán las secuelas de la dictadura.

Una gran parte de *Conjunto vacío* se relaciona con las secuelas del destierro sobre la generación de los exiliados en México. Los padres de Verónica son exiliados que huyen de la

[113] *Ibidem.*, p.19.
[114] *Ibidem.*, p.19.
[115] *Ibidem.*, p.25.
[116] *Ibidem.*, p.18.

dictadura militar que duró casi siete años y que acabaron refugiándose en México. Hablar de la estadía de los padres de Verónica en México es referirnos a la dictadura militar argentina.

2.2.La dictadura militar argentina

La dictadura militar en Argentina ocurrió entre 1976 y 1983. Fue la última dictadura y la más sangrienta en materia de violación de los derechos humanos en Argentina. Esta dictadura empezó con la militarización de la sociedad y la politización del ejército. Durante este periodo, las represiones eran constantes y se castigaba hasta la pronunciación del nombre del presidente derrotado. La dirección del estado fue organizada por los diferentes cuerpos del ejército: las fuerzas terrestres, las fuerzas aéreas y la marina. Se iniciaron importantes cambios en las instituciones del estado. El parlamento fue disuelto, el tribunal supremo fue reemplazado y la pena de muerte fue instaurada. Además, se instauró una patrulla que secuestraba a la población, encarcelándola sin proceso. En esta manifestación, muchas personas desaparecieron y otras se quedaron muertas. No se sabía el número exacto de los desaparecidos, pero la comunidad internacional hace referencia a treinta mil personas desaparecidas.

El episodio de la dictadura no queda explícito en la obra, pero hay unas huellas que lo muestran. Verónica Gerber Bicecci habla solamente de la dictadura sin entrar en los detalles, de forma que lo que realmente lo revela es la huida de sus padres y Marisa (MX) a México:

> Marisa (MX) Chubut nació diez años antes que Mamá(M). También era exiliada de la dictadura argentina. Pero su historia fue distinta a la de mis padres. Marisa (MX) Chubut nació diez años antes que Mamá(M). También era exiliada de la dictadura argentina. Pero su historia fue distinta a la de mis padres.[117]

El padre de Verónica fue un revolucionario en este periodo: "Mamá (M) le decía Lito a papá, de cariño. Alguna vez la escuché decir que ese era su nombre de revolucionario."[118] Al mismo tiempo, el padre afirma lo contrario: "Luego papá dijo que él no fue revolucionario y que no tenía nombre secreto, que solamente repartía volantes en las fábricas." Sin embargo, el desarrollo de la narración indica que, verdaderamente, el padre era revolucionario y estaba en

---

[117] *Ibidem*, p 88.
[118] *Ibdem*, p.31.

la lista negra: "Mamá (M) también confesó que papá estaba en la lista negra y después, indignada, dijo que todo mundo estaba en la lista negra.[119]

Conjunto vacío, además de los temas que trata, a saber la desaparición, la dictadura, destaca también el abandono.

2.3.El abandono

El abandono es uno de los temas más candentes de la obra. Este abandono se relaciona con la desaparición de la madre (M) de Verónica y la ruptura de Verónica con el Tordo (T) y, más tarde, con Alonso (A). A la víspera del cumpleaños de Verónica, su madre desapareció. Nadie sabe a dónde se fue o si había muerto. Esto dejó a Verónica y a su hermano (H) en un total abandono. Les faltaba la afección materna. Junto a este abandono por parte de la madre, su padre también estaba ausente. No queda explícita en la obra la causa de su ausencia o si lo estaba por negligencia, lo que sabemos es que no está plenamente presente al lado de los hijos, pero queda claro en la novela que los padres se divorciaron y no se dirigían la palabra. El padre vivía en otra casa y veía a Verónica y a su hermano (H) solamente una vez por semana:

> Papá tardó muchos años en darse cuenta de que Mamá (M) no estaba. A veces no estoy completamente segura de si se enteró, ellos no se dirigían la palabra desde el divorcio (o tal vez él es mucho mejor que nosotros actuando como si no pasara nada). Papá es un hombre metódico y difícilmente percibe algo ajeno a su rutina. Nos llamaba por teléfono una vez a la semana, los miércoles a las 14:45, porque ese día en particular tenía unos minutos extra y comíamos en su casa todos los domingos.[120]

El tema del abandono, tal y como lo hemos mencionado anteriormente, se relaciona también con Verónica, el Tordo (T) y Alonso (A). El Tordo (T), novio de Verónica, se separó de ella para entablar una nueva relación con otra mujer (E) (recordemos que el Tordo (T) es el primer novio de Verónica). Esta ruptura es el segundo trastorno en la vida de Verónica después de la desaparición de su madre: "Y también con el Tordo (T) aunque, en este caso, reconstruir la secuencia fue relativamente fácil. Lo último que me dijo fue: Algo se rompió, no sé exactamente qué, pero ya no podemos seguir juntos."[121]

---

[119] *Ibidem.*, p.31.
[120] *Ibidem.*, p.18.
[121] *Ibidem.*, p.25.

Esta ruptura dejó un hueco en la vida de Verónica. Un hueco que se añadió a la que le dejó su madre. Esta intentó comprender la fuente de esta ruptura, pero el proceso resultó difícil. No sabía cómo contarlo. Así, Verónica Gerber Bicecci, al narrar esta parte, dejó plaza a los dibujos y a las páginas casi vacías. Quizás con el dibujo se puede comprender mejor lo que le está pasando a Verónica. Esta ruptura se desemboca en el inicio de otra relación con Alonso (A), que será efímera, porque, en realidad, Alonso (A) tenía una novia que vivía en los Estados Unidos. Verónica se queda entonces en el centro. Fue abandonada por el Tordo (T) y, luego, por Alonso (A). Este abandono es el motivo de muchas ilustraciones gráficas en la obra, como lo hemos explicado con anterioridad, que muestran lo difícil que resultan las relaciones amorosas. Verónica intentará dos opciones para comprender su vida y darle una orden.

La primera opción consistía en la observación de las maderas en la casa familiar, lo que ella misma denomina "el búnker", maderas colocadas a la pared para evitar que el agua entre en la casa. A partir de entonces se interesa por la dendrocronología, la ciencia que estudia las formaciones concéntricas de los troncos de los árboles, un término que encontró en sus investigaciones en la biblioteca de Biología de su universidad. De esta forma, pasó a querer estudiar las tablas de triplay, para ver si encontraba una forma de entender su propia historia:

> Quería encontrar una forma de entender cómo este se transforma en sus vetas y cortes subirme en un cohete o resolver ecuaciones de física cuántica. Curiosamente, fue un astrónomo quien descubrió el lenguaje de los árboles. Andrew Ellicott Douglass había errado el camino, igual que Yo (Y). Él estudiaba las manchas solares y terminó dedicándose a estudiar los anillos de los troncos para ver si podían decirle algo sobre el sol. No se trata solamente de saber su edad, en los dibujos de la madera se queda marcada la historia de su bosque. Los árboles guardan las cicatrices de los incendios y de todo tipo de desastres naturales: terremotos, huracanes, enfermedades. Los insectos también les dejan marcas. Se puede corroborar, incluso, la edad de un violín o un mueble midiendo los anillos de su madera. Un tronco es la bitácora de un ecosistema. Y talar un bosque no es solamente una tragedia ecológica; es, literalmente, destruir un archivo de datos históricos. Pero los árboles escriben en un lenguaje que no se ve. Me pregunto cómo se vería mi vida en el interior de un tronco, qué significarían todas esas líneas, nudos y circunferencias. Me pregunto cómo se dibuja en su idioma una colección de principios truncos, un final abrupto o una desaparición.[122]

---

[122] *Ibidem.*, p.57-58.

La investigación que intentaba hacer Verónica no tuvo respuesta favorable. Se dio cuenta de que en las mesas, debido al tratamiento sufrido por la madera para asumir esta forma de estudios, las pistas cronológicas de los círculos se habían fragmentado y ensamblado en orden disperso.

La segunda opción era un viaje que realizó Verónica con su hermano (H) a Argentina para visitar a su Abuela (A_B). Verónica realiza este viaje de México a las raíces familiares en Argentina, porque, para ella, Argentina es un lugar donde puede encontrar respuestas a la falta de sentido de su vida mexicana. Una vez en la casa de la Abuela (A_B), tenía el reflejo de la casa familiar de México, el "búnker": "La casita de la Abuela (A_B) está suspendida en el tiempo. También se estancó en el momento en que mis abuelos dejaron de ver a Mamá (M). La casita del barrio Iponá y el búnker: un par de espejos encontrados. El reflejo se hace infinito. Y el infinito es un conjunto eternamente vacío."[123] La casa familiar de Argentina le recuerda a Verónica el abandono de su madre, un recuerdo que le vino cotejando el abandono de su madre con la huida de la dictadura:

> La escalera que el abuelo construyó en la sala no lleva a ningún lugar. Ni siquiera se puede subir, la Abuela (AB) puso un mueble grande para aprovechar el espacio. Me estremece pasar por ahí. Arriba tendría que haber un segundo piso. Mi Hermano (H) y Yo (Y) tendríamos que vivir, no a la vuelta, sino en el piso de arriba. Pero Mamá (M) se fue. Mi Abuela (AB) dice que el abuelo intentó detenerla, pero no pudo; Mamá (M) y papá se subieron al avión el 24 de marzo de 1976. Nunca vivimos en esta casa que nunca se terminó de construir y a la que nunca le hicieron un segundo piso. Nunca, nunca, nunca. Tres veces nunca. La escalera del fin del mundo, pensé, esta sí.[124]

Este segundo intento también fracasó. La explicación que quería al emprender este viaje a Argentina se ha convertido en un recuerdo de la desaparición de su madre. Ni en México, ni en Argentina encontró una explicación a la desaparición de su madre: "Dos Universos (U). O, más bien, dos países: Argentina (P1) México (P2) Y Mamá (M). Tal vez si aprendiéramos a estar en dos lugares al mismo tiempo. Mamá (M) encontró la forma de quedarse justo en medio, en un lugar donde nadie puede encontrarla."[125]

---

[123] *Ibidem.*, p.181.
[124] *Ibidem.*, p.178.
[125] *Ibidem.*, p.35.

Por último, la obra trata del abandono de las tierras natales. Este abandono toca a un montón de personajes en la obra: los que huyeron por la dictadura militar argentina y sus hijos nacidos en este exilio. Se trata de los padres de Verónica, Verónica misma, su hermano (H), Marisa (MX), Alonso (A) y Tono (T_N).

Ahora que acabamos de analizar los temas importantes de la obra, seguiremos con el análisis de los personajes.

3. Estudio de los personajes

Los personajes en *Conjunto vacío* se clasifican en personajes principales y secundarios. Los principales son los que están al centro de la narración, mientras que los secundarios se acoplan a los principales para que la acción sea completa.

3.1. Los personajes principales

Son los personajes que están en el centro de la novela. Los nombres de los personajes principales van con las primeras letras de sus nombres entre paréntesis. Estos, en toda la obra, tienen una cierta relación con el personaje de Verónica. Así denominamos:

Verónica: es la protagonista principal de la obra. Es una joven de veintidós años. Salida de una ruptura dolorosa con el Tordo (T), inicia una nueva con Alonso (A). Se graduó en la Esmeralda, donde estudió el Arte Visual: "Le conté, por ejemplo, de mi clase de dibujo de imitación en La Esmeralda." Toda su vida ha sido calvario, empezando por la desaparición de su madre, luego por la ruptura con el Tordo (T) y por fin el mal inicio de la nueva relación con Alonso (A).

Mamá (M): Es la madre de Verónica. Su nombre habitual es Coty y es una exiliada en México por la dictadura militar argentina. Se mudó a México el 24 de marzo de 1976: "Mi Abuela (AB) dice que el abuelo intentó detenerla, pero no pudo; Mamá (M) y papá se subieron al avión el 24 de marzo de 1976." Desapareció la víspera del decimoquinto cumpleaños de Verónica en el verano de 1995:

> Todo se remonta a dos días antes de mi cumpleaños número quince. Invierno de 1995. Entonces Yo(Y) tengo todavía catorce años y mi Hermano(H) diecisiete. Era temprano en la mañana, estábamos saliendo a la escuela y mamá dijo que no. Dijo que era mejor quedarse en casa. Dijo que no prendiéramos la tele, que no prendiéramos nada. Dijo que había que guardar silencio.

> Nunca cumplí los quince, y eso que ya habíamos encargado un pastel de chocolate amargo para una fiesta que nunca se hizo.[126]

El Tordo (T): Es el primer novio de Verónica. Se separó de Verónica para unirse con otra mujer (E). Es un personaje que no tiene ninguna compasión. Se separó de Verónica sin remordimiento: "Lo último que me dijo fue: Algo se rompió, no sé exactamente qué, pero ya no podemos seguir juntos."[127] Es profesor y artista visual: "El Tordo (T) es artista visual, pero le hubiera gustado ser escritor."[128]

Alonso (A): Es un estudiante de tesis doctoral de literatura en los Estados Unidos: "En los primeros meses no vi nunca a Alonso(A). Chema dijo que tenía cosas que hacer en la universidad, en Estados Unidos, que estaba allá haciendo su doctorado en literatura, pero que volvería en el verano."[129] Contractará Verónica para archivar los documentos de su madre fallecida, Marisa (Mx). Aunque tenga novia en los Estados Unidos, iniciará una relación con Verónica que resultará afortunadamente efímera.

Marisa (Mx): Es una escritora fallecida. Es también exiliada argentina como la madre de Verónica a México por huir de la dictadura militar. Se mudó a México en marzo de 1976: "Reconstruí un poco de aquí y otro poco de allá, y terminé entendiendo más del exilio de Marisa (MX) que del de mis propios padres. Llegó a México en marzo de 1976."[130]

Hermano (H): Es el primogénito y hermano mayor de Verónica. Es tres años mayor que Verónica. Es historiador, pero se dedica a hacer documentales: "Mi Hermano (H) es el primogénito; es historiador pero vive de hacer documentales."[131]

Ella (E): Nueva novia del Tordo (T). Es fotógrafa profesional. La autora la evoca a menudo para explicar la compleja relación que tuvo Verónica con el Tordo (T) y, de esta forma, reproduce los diagramas de Venn.

[126] *Ibidem.*, p.14.
[127] *Ibidem.*, p.25.
[128] *Ibidem.*, p.33.
[129] *Ibidem.*, p.85.
[130] *Ibidem.*, p.112.
[131] *Ibidem.*, p.121.

Abuela (AB): Es abuela de Verónica y su Hermano (H). No se mudó a México. Se quedó en Argentina en la casa familiar. Su presencia permanente en Argentina permitirá a Verónica y su hermano (H) emprender dos viajes a Argentina para visitarla.

Mayra (My): Es novia de Alonso (A) y vive en los Estados Unidos.

Tono (TN): Es esposo de Marisa (Mx) y padre de Alonso y Malzna. Está también exiliado en México. Se unió con Marisa (Mx) un año más tarde de su llegada. Su nombre aparece en la obra cuando la autora quiere hablar del exilio, como el de los padres de Verónica.

Jürgen (J): Es un alemán que viajó a México para hacer su práctica profesional en el despacho de arquitectura donde trabaja Ana, amiga de Verónica y su hermano (H).

Estos personajes tienen un papel importante en la narración. Son elementos de gran importancia en el conjunto que la autora intenta desarrollar con la teoría de los conjuntos. Además de ellos hay otros personajes que identificamos como personajes secundarios.

3.2.Los personajes secundarios

Los personajes secundarios en la obra no tienen mucha descripción. Entre ellos podemos citar:

Papa: Es el esposo de Coty y es también un exiliado argentino en México. Viajó junto con Coty a México el veinticuatro de marzo de 1976. Hicieron veinte años de matrimonio y se divorciaron después. Su nombre aparece en la obra solo diez veces.

Mifusama Suhomi: De nacionalidad japonesa, fue maestra de escultura de Verónica en su primer año de carrera. Su preocupación es que los estudiantes entiendan el ciclo de la vida. Llevaba veinticinco años en México pero no hablaba bien español.

Chema: Es fiel ayudante y cuidadora de la casa de Marisa (Mx). Su presencia en la obra es menor. Aparece solamente seis veces.

Violeta: Es amiga de Verónica desde la preparatoria. Pasa su tiempo estudiando en la biblioteca.

Mauricio Chubut: Es padre de Marisa (Mx) y abuelo de Alonso (A) y Malena.

Malena: Es la hermana de Alonso (A). Aparece solamente una vez en la obra.

Ana: Amiga de Verónica y novia de su Hermano (H). Es ella que consiguió el trabajo a Verónica para archivar los documentos de Marisa (Mx).

Andreas: Es un alemán. Viajó junto con Jürgen (J) a México para hacer su práctica profesional en el despacho de arquitectura donde trabaja Ana.

Las acciones que presentan los personajes principales y secundarios de la obra se desarrollan en un espacio dado y un tiempo bien definido. Con las indicaciones espacio-temporal, estudiaremos los dos conceptos.

4. El espacio y tiempo

El tiempo y el espacio en *Conjunto vacío* nos permiten situar el tiempo exacto en el que se desarrolló la historia que narra la autora y donde ocurrió. Verónica Gerber Bicecci nos narra una historia que ocurrió entre los años 1976 y 2003 en Argentina, México y los Estados Unidos. Este periodo se divide en dos partes a saber: el que parte de la dictadura militar y el que parte de la desaparición de la madre (M) de Verónica hasta 2003. El tiempo de la dictadura va de 1976 a 1983. En este tiempo empieza con el viaje de los padres de Verónica a México, por una parte, y lo de los padres de Alonso (A) por otra parte. Los padres de Verónica se han ido a México el 24 de marzo de 1976: "Pero Mamá (M) se fue. Mi Abuela (AB) dice que el abuelo intentó detenerla, pero no pudo; Mamá (M) y papá se subieron al avión el 24 de marzo de 1976."[132] Otra indicación temporal de este primer periodo es el viaje de Marisa (Mx) y Tono (T_N) de Argentina a México. Su viaje se emprendió en marzo del mismo año: "Reconstruí un poco de aquí y otro poco de allá, y terminé entendiendo más del exilio de Marisa (MX) que del de mis propios padres. Llegó a México en marzo de 1976".[133] Tono (T_N) llegó probablemente en México en 1977: "Tono (T_N), su marido, llegó casi un año después porque le costó más trabajo salir."[134] La indicación temporal que cierra este periodo es probablemente

---

[132] *Ibidem.*, p.178.
[133] *Ibidem.*, p.112.
[134] *Ibidem.*, p.112.

el nacimiento de Verónica y su Hermano (H). Verónica nació probablemente en 1981 si nos referimos a su decimoquinto aniversario en invierno de 1995: "Todo se remonta a dos días antes de mi cumpleaños número quince. Invierno de 1995."[135] Si sus padres llegaron a México en 1976, y en 1995 celebra su decimoquinto aniversario, podemos sustraer quince de 1995, lo que da 1981. El año probable del nacimiento de su Hermano (H) es 1978 tomando en cuenta la indicación que nos da la obra: "Entonces Yo (Y) tengo todavía catorce años y mi Hermano (H) diecisiete."[136]

Respecto al segundo tiempo, este comienza con el cumpleaños de Verónica en invierno 1995 y termina con el viaje que emprendieron Verónica y su Hermano (H) para visitar a su abuela (A_B) en Argentina en 2003. Dentro de este periodo pasó la segunda parte de la historia que nos cuenta Verónica Gerber Bicecci. En este periodo se desarrolla la acción desde la desaparición de la madre de Verónica, la ruptura de Verónica con el Tordo (T), la relación que inicia con Alonso (A) y termina con los dos viajes que emprendieron Verónica y su hermano (H) para visitar a la Abuela (A_B). De los dos viajes que emprendieron, uno se hizo en 1993 y el otro, que es el que cierra la trama de la novela, en 2003: "¿Cuándo fue la última vez que estuvimos aquí, en Argentina? En 1993, me dice mi Hermano (H). ¿Y qué año es este? 2003."[137]

En cuanto al espacio propiamente dicho en que se desarrolló toda la trama de la novela, notamos claramente que la gran parte de la trama sucedió en México con el exilio de los padres de Verónica y los padres de Alonso (A) junto con la desaparición de la madre de Verónica (M). Está claro que lo que queda explícito en la novela como acción desarrollada en Argentina son las visitas de Verónica y su Hermano (H) a su Abuela (A_B). Lo de la dictadura militar es implícito. Los dos países, Argentina y México, constituyen los espacios que han permitido desarrollar la trama. En lo que se refiere a los Estados Unidos, se trata de la estancia, la de Alonso (A), donde prepara su tesis doctoral de literatura.

Además de estos espacios generales, tres lugares específicos llaman nuestra atención en la novela. Se tratan de la casa familiar, el "búnker", la casa de la Abuela (A_B), y la casa de la escritora recién fallecida, Marisa Chubut (Mx). La trama empieza en la casa familiar con el cumpleaños de Verónica y la desaparición de su madre (M). La acción se desarrolla más tarde

[135] *Ibidem.*, p.14.
[136] *Ibidem.*, p.14.
[137] *Ibidem.*, p.173.

en la casa de Marisa Chubut (Mx) cuando Verónica encuentra un trabajo allí, el de organizar las pertenencias de la recién fallecida Marisa Chubut (Mx) y, por fin, los viajes que emprendieron Verónica y su hermano (H) a la casa de la Abuela (A_B) en Argentina. Estos tres lugares otorgan una organización fragmentaria a la novela y constituyen para Verónica Gerber Bicecci los lugares importantes en los que se desarrolla la trama.

CONCLUSION

El inicio de este trabajo de investigación partía de cuatro preguntas: ¿Por qué se sirve Verónica Gerber Bicecci de imágenes en su producción literaria? ¿Son insuficientes las palabras para revelar y desvelar ciertas realidades? ¿Es una renovación del arte literario? ¿Quiere esta autora demostrar los límites de la literatura?

Para responder a estas preguntas se trataba primero de estudiar, ante todo, la noción de intermedialidad en las novelas visuales, especialmente las interacciones entre imagen y texto. En nuestras investigaciones nos hemos enterado de que los medios transcienden las fronteras de espacio y tiempo del cine para ocupar, poco a poco los soportes literarios. Esta afirmación ha implicado la *transmedialidad* de la narrativa como *tertium comparationis,* es decir lo que tiene en común la intermedialidad y la narración. Este *tertium comparationis* "permitiría abordar el estudio de la intermedialidad desde un punto de vista neo-formalista, tal y como ya había hecho Bordwell (1993) cuando indica que el tópico del modelo es independiente del medio[138]. La intermedialidad es pues un diálogo entre el texto y la imagen. Recordemos que la imagen en la narrativa actual colma la sociedad en esta «era del testigo» y de la prueba, de la huella, y surge en un discurso literario asociada a la memoria, a la verdad y al documento. La interacción pasa de una manifestación material a una integración que posibilite una creatividad y capacidad para desplazarse en otros formatos.

Conjunto vacío permanece una novela original y extraordinaria al conciliar texto e imagen. La noción de las referencias intermediales que conciernen las novelas visuales utiliza los rasgos característicos de las artes visuales para ser un medio de comunicación. Estos estudios intermediales se fundamentan en la novela gráfica. Las novelas gráficas permiten pensar la intermedialidad literaria como dos objetos distintos que se interactúan. Las relaciones

[138] López-Varela Azcárate, « Génesis semiótica de la intermedialidad: fundamentos cognitivos y socio-constructivistas de la comunicación », *art-cit.,* p.95-96.

existentes entre el texto y la imagen han llevado un acercamiento teórico que permitió definir claramente la relación medio-literatura. Notando las diversas manifestaciones intermediales en la literatura, esta definición es insuficiente para hablar concretamente de las relaciones intermediales literarias. Este desafío nos ha empujado a elegir *Conjunto vacío* para poner de relieve los mecanismos y dispositivos para reflexionar sobre las relaciones intermediales en una novela. Este enfoque metodológico nos permitió darnos cuenta de que una imagen explica mejor lo dicho o lo no dicho.

En la segunda parte de la investigación, hemos abordado el género novela visual. Al iniciar esta parte, nos hemos fundamentado en una cita de Thierry Smolderen, lo que nos permitió estudiar las características de una novela visual y a continuación las funciones que desempeña una imagen en una novela visual y los recursos que componen *Conjunto vacío.* Y de allí hemos visto que Verónica Gerber Bicecci se fundamentó en los diagramas de Venn que se usan en la teoría de los conjuntos para construir el relato y de esta manera, explora los límites del lenguaje humano. La novela se ha convertido en una clase de matemáticas en la que el universo en el que se desarrolla la acción se ve representado por figuras geométricas y los personajes que actúan representados por los elementos de la teoría de los conjuntos. En lo que toca a las características, la novela tiene que ser escrita a partir de un lenguaje verbal y visual es decir, que la historia que cuenta la novela tiene que ser escrita con palabras e imágenes. La imagen tiene que completar el relato o equilibrarlo y el relato tiene que ser desarrollado explorando las posibilidades narrativas de la imagen. Las funciones de la imagen en el texto cierran la segunda parte del trabajo. Para las funciones nos hemos fundamentado en los trabajos de Azema Julie sobre las funciones de la imagen en un "album de jeunesse" cotejándolo con *Conjunto vacío* y resulta que las novelas visuales comparten las mismas funciones con el "album de jeunesse".

La tercera parte de nuestra investigación, trata del análisis completo de *Conjunto vacío* y allí hemos estudiado los temas de la trama, el espacio y tiempo de la historia que cuenta la novela y hemos acabado con el estudio de los personajes.

Estas investigaciones nos permitieron contestar a las preguntas de la problemática. Nos hemos dado cuenta en las investigaciones que el uso de las imágenes en la novela por Verónica Gerber Bicecci no es por azar. La utilización de las imágenes, las figuras geométricas y los diagramas de Ven sirven para explorar y demostrar los límites del lenguaje humano y así, demostrar los límites de la literatura. No es siempre suficiente la palabra para describir ciertos acontecimientos o desvelar ciertas realidades. Con *Conjunto vacío* notamos una nueva manera de escribir la novela gráfica tradicional. Verónica Gerber Bicecci es una artista muy interesante al conciliar su formación artística con la literatura. Su interés a las artes visuales se transportó en *Conjunto vacío* y eso es el resultado de *Conjunto vacío* una novela visual del que habla este trabajo de investigación.

La prosa parte de la normalidad a la extrañeza y la manera de contar la historia por Verónica Gerber Bicecci es muy original. Con su estilo narratológico conquista al lector desde el inicio de la trama. Con esta obra se afirma entre las mujeres como Guadalupe Nettel, Laia Jufresa, Valeria Luiselli, Leila Guerriero, Pola Oloixarac Lina Meruane, Gabriel Jauregui, Vivian Abenshusha y otras más que florecen en la literatura hispanoamericana hoy en día, dominada durante largo tiempo por los hombres.

Conjunto vacío es un compendio de la propia vida de la autora. Comparte el mismo nombre con la protagonista principal y tienen los mismos datos. Los dos nacieron en 1981. Tienen las mismas formaciones académicas es decir graduadas en arte plástica en la Esmeralda en México. Estamos ante una novela autobiográfica que además de los rasgos que acabamos de enumerar, Verónica Gerber Bicecci a menudo, utiliza el "yo." Así a través de *Conjunto vacío,* Verónica recompone su propia historia a partir de sus aventuras amorosas hasta el exilio de sus padres.

Bibliografía

Corpus de estudio

GERBER BICECCI, Verónica, *Conjunto vacío*, México, Pepitas calabaza, 2017.

Obras teóricas

ALI GABER, Intidhar, « Comparación entre el arte visual y la literatura; la adaptación1 de *Orson Welles de El proceso* de F. Kafka », *Journal of the College of Languages, Issue (34).* [En línea] https://www.iasj.net/iasj?func=fulltext&aId=110626 consultado el 02/03/2019

ANATÉ, Kouméalo, « Usage des médias dans les littératures négro- africaines », *L'Entredire francophone*, Bordeaux, P.U.B., 2004, p. 131-150.

ARNHEIM, Rudolph, *El pensamiento visual,* traducción de Rubén Masera, Paidós, Barcelona 1986. [En línea] https://www.departamentoesteticas.com/SEM%201/PDF/2017/Arnheim%20Rudolf% 20-%20El%20Pensamiento%20Visual.pdf consultado el 12/04/2020.

ARROYO DÌEZ María Cristina, *Aspectos espaciales y visuales en las primeras novelas contemporáneas Benito Pérez Galdós y su repercusión en la novela española actual*, tesis de doctorado, Universidad de Valladolid, 2011. [En línea] http://uvadoc.uva.es/bitstream/handle/10324/882/TESIS129-111222.pdf?sequence=1&isAllowed=y consultado el 05/06/2020

BARTHES, Roland, *Le plaisir du texte*, Paris, Seuil, 1982.

BLEICHER, Joan Kristin, « Die Intermedialität des postmodernen Films ». *In: Oberflächenrausch. Postmoderne und Postklassik im Kino der 90er Jahre*, Verlag Dr. W. Hopf. Lit, Hamburg, 2008.

BUYS, Jean-François y PREYS, Fréderic, *Le Testament de Newton* [En línea] http://www.tangenteeducation.com/articles/TE37/12_13_Roman_College+17Librairie_TE37.pdf consultado el 11/04/2020.

CARROLL, Lewis, *Las aventuras de Alicia en el país de las maravillas,* Ediciones del Sur, 2003. [En línea] https://www.ucm.es/data/cont/docs/119-2014-02-19-Carroll.AliciaEnElPaisDeLasMaravillas.pdf consultado el 03/01/2020.

CHOL Isabelle, LINARES Serge, MATHIOS Bénédicte, (dir.), *LiVres de pOésie Jeux d'eSpaces,* Paris, Collection Poétique et Esthétique XX-XXIe siècles, Honoré Champion, 2016.

DALANÇON, Joël, « *Le poète et le peintre (1870-1885*, Les enjeux sociaux et culturels et un face à face », *Romantisme*, vol. 66, no 19, 1989, p. 61-74.

De CERTAU Michel, *La Invención de lo cotidiano,* traducido del francés por Alejandro Pescador. *1 Artes de hacer,* México, 2000. [En línea] https://monoskop.org/images/2/28/De_Certeau_Michel_La_invencion_de_lo_cotidiano_1_Artes_de_hacer.pdf consultado el 04/04/2020

DEGUY, Michel, « De l'image », in MATHIEU-CASTELLANI, G. (dir.), *La Pensée de l'image*, Vincennes, P.U.V., 1994, p. 249-264.

DELAVEAU, Pierre, *Écrire la peinture*, Paris, Éditions universitaires, 1991.

DEOTTE, Jean Louis, *L'époque des appareils*, Paris, Lignes/Manifeste, 2004.

De TORO, Alfonso (dir.), Translation.Transmédialité et transculturalité en littérature, peinture, photographie et au cinéma. Amériques Europe Maghreb, Paris, L'Harmattan, coll. «Transversalité », 2013.

De UNAMUNO, Miguel, *Tabla de multiplicar*, [En línea] https://matemolivares.blogia.com/2012/083101-la-tabla-demultiplicar-de-miguel-de-unamuno..php consultado el 23/11/2019.

DIAZ, Elvire (dir.), *Poétisation de l'histoire. L'événement en textes et en images*, Rennes, Presses universitaires de Rennes, col. « Interférences », 2013.

_____, *La intermedialidad en la ficción española contemporánea: diálogo entre literatura y artes visuales. La narrativa española de hoy (2000-2010)*. La imagen en el texto (III), 2013, La narrativa española de hoy. <hal-01499856> [En línea] https://hal.archives-ouvertes.fr/hal-01499856/document consultado el 13/03/2019

ELLESTRÖM, Lars, « *The Modalities of media – A model for understanding intermedial relations* ». in L. Elleström (dir.), *Media borders, multimodality and intermediality,* New York, Palgrave, 2010, p. 11-50.

FRASER, Marie, « *Seeing the Light,* Réflexions autour de *Your Black Horizon* d'Olafur Eliasson », *Appareil et intermédialité,* Jean-Louis Déotte, Marion Froger, Silvestra Mariniello (dirs.), Paris, L'Harmattan, 2007.

GARCÍA, Santiago, *La novela gráfica, 2010*, [En línea] https://curiosoando.com/cual-es-la-diferencia-entre-una-novela-grafica-y-un-comic consultado el 3/01/2019

GAUDREAULT, André et MARION, Philippe, « Transécriture et médiatique narrative : l'enjeu de l'intermédialité », *La Transécriture, une théorie pour l'adaptation*, Québec, Nota Bene, 1998, p. 31-52.

GAUDREAULT, André, « Le cinéma entre intermédialité et littérarité », *Du littéraire au filmique*, Québec, Nota Bene, 1998, p. 169-183.

GHARBI, Farah Aïcha, « *L'intermédialité littéraire dans quelques récits d'Assia Djebar* », thèse de doctorat, Universidad de Montréal, 2010.

HAMON, Philippe, *Introduction à l'analyse du Descriptif*, Paris, Hachette, 1993.

HEBERT, Louis et GUILLEMETTE, Lucie (dirs.), *Intertextualité, interdiscursivité et intermédialité*, Québec, Presses de l'Université Laval, col. «Vie des signes», 2009. [En línea] https://www.fabula.org/actualites/l-hebert-et-l-guillemette-dir-intertextualite-interdiscursivite-et-intermedialite_32193.php el 24/12/2020

HONOUR, Hugh, *Histoire mondiale de l'art*, Paris, Bordas, 1988.

HUTCHEON, Linda, *A Theory of Adaptation*, New York, Routledge, 2006.

KATTENBELT, Chiel, « Intermediality in theatre and performance: Definitions, perceptions and medial relationships », *Revista de Estudios Culturales de la Universitat Jaume I, 6* (1), 2008. [En línea] :///C:/Users/rrms/Desktop/La%20 intermedialidad%20Intermediality.htm consultado el 02/03/2019.

KOHLHAUER, Michael (dir.), *Fictions de l'Histoire. Ecriture et représentations de l'histoire dans la littérature et les arts*, Chambéry, Université de Savoie, 2011.

KRIEGER, Murray, « El problema de la écfrasis: imágenes y palabras, espacio y tiempo-y la obra literaria ». *Literatura y Pintura*. Antonio Monegal (Comp.), Madrid, Arco/ Libros, 2000.

LECERCLE, François, « Donner à ne pas voir », *La Pensée et l'image : signification et figuration dans le texte et la peinture*, P.U.V., coll. « L'imaginaire du texte », 1994, p. 123-127.

LEGUINA, Joaquín, *El Rescoldo,* Alfaguara, 2004. [En línea] https://innovacioneducativa.upm.es/pensamientomatematico/node/172 consultado el 11/04/2020.

LÓPEZ VARELA AZCÁRATE, Asunción, « Génesis semiótica de la intermedialidad: fundamentos cognitivos y socio-constructivistas de la comunicación », *cic. Cuadernos de Información y Comunicación,* Universidad Complutense de Madrid, 2011, 95-114.

MARIN, Louis, *Les Sciences humaines et l'oeuvre d'art*, Bruxelles, Témoins et témoignages, coll. « La connaissance », 1969.

MARINIELLO, Silvestra, « Commencements », *Intermédialités*, Université de Montréal, n°1, 2003.

MARTIN Côme « *Le roman visuel : relations entre texte et image dans la bande dessinée et le roman américains contemporains »,* thèse de doctorat, Université Paris IV – Sorbonne, 2013.

MECHOULAN, Éric, « La nouvelle sphère intermédiatique », [En línea] http//cri.histart.umontreal.ca/cri/sphere1/confmechoulan.htm#TENDANCES Consultado el 19/02/2019.

MERLO Philippe, *in* Natalie Noyaret (ed.), *La narrativa española de hoy (2000-2010) La imagen en el texto (I)*, Bern, Peter Lang, Leia, vol. 20, 2011, p. 451.

MITCHELL, William John Thomas, *Iconologie: image, texte, idéologie,* Traduit de l'anglais par Maxime Boidy et Stéphane Roth. Paris, Les Prairies ordinaires, Coll. "Penser/Croiser", 2009.

MOHSSINE, Assia (dir.), *Genres littéraires et gender dans les Amériques*, Clermont-Ferrand, PUBP, collection Littérature, 2019, 377 p.

MOLLARD Nicolas, « Texto e imagen en las novelas de Ricardo Menéndez Salmón (2001-2010) », *Castilla. Estudios de Literatura*, Universidad de Valladolid, 2012, p.249-273. ⟨hal-02167102⟩ [En línea] file:///C:/Users/hp-pc/AppData/Local/Temp/Hispadoc-

TextoElmagenEnLasNovelasDeRicardoMenendezSalmon200-4077233.pdf consultado el 26/02/2020

MONEGAL, Antonio (Comp). *Literatura y pintura*, Madrid, Arco Libros, S.L., 2000.

MÜLLER, Jürgen E., *Texte et médialité*, Mannheim, Lehrstuhl Romanistik1, Universität Mannheim, 1987.

______, « Vers l'intermédialité. Histoires, positions et options d'un axe de pertinence. *MédiaMorphoses* », *INA*, Bry-sur-Marne (FRA), 2006 (16), p. 99-110. [En línea] http://hdl.handle.net/2042/23499 consultado el 14/02/2019.

NERUDA, Pablo, *Oda a los números,* fragmento [En línea] https://www.sectormatematica.cl/poemas/poema_10.html consultado el 23/11/2019.

ORTEGA VILLASEÑOR, Humberto, « Desafíos del potencial creativo de la intermedialidad» *in Revista Culturales, Instituto de Investigaciones Culturales-Museo*, Universidad Autónoma de Baja California ISSN 1870-1191. Época 2 - Vol. IV, 2016. [En línea] https://www.researchgate.net/publication/310013150_Desafios_del_potencial_creativo_de_la_intermedialidad consultado el 07/03/2019.

RAJEWSKY, Irina O., « Border talks: The problematic status of media borders in the current debate about intermediality » in L. Elleström (dir.), *Media borders, multimodality and intermediality* New York 2010, p. 51-68.

______, « Intermediality, Intertextuality, and Remediation: A Literary Perspective on Intermediality ». *Intermédialités* 2008, 1(6). [En línea] http://cri.histart.umontreal. ca/cri/fr/intermedialites/p6/ .pdfs/p6_rajewsky_text.pdf consultado el 03/03/2019

ROUTHIER, Elisabeth, « L'intermédialité du texte littéraire, Le cas d'*Océan mer*, d'Alessandro Baricco », Mémoire, Université de Montréal, 2012. [En línea] file:///C:/Users/hp-pc/AppData/Local/Temp/Lintermedialite_du_texte_litteraire._Le.pdf consultado el 05/04/2019

SALINA, Pedro, *La Voz de ti debida*, Madrid, Alianza Editorial, 2012.

SMOLDEREN, Thierry, « *Graphic novel* / roman graphique : la construction d'un nouveau genre littéraire », revue neuvième art, n°12 - janvier 2006. [En línea] http://neuviemeart.citebd.org/spip.php?article140 consultado el 04/02/2019

VETTER, Anne, « De l'image au texte », dans *Peinture et écriture*, Paris, Unesco, coll. «Traverses », 1996, p. 207-215.

Van Der LINDEN, Sophie, *Lire l'album*, Le Puy-en-Velay, Atelier du poisson soluble, 2007.

VERMETTEN, Audrey, « Un tropisme cinématographique, l'esthétique filmique dans Au-dessous du volcan de Malcolm Lowry » dans Poétique 2005/4 (n° 144), [En línea] https://doi.org/10.3917/poeti.144.0491 consultado el 06/04/2019.

VOUILLOUX, Bernard, *La Peinture dans le texte*. Paris, CNRS, 1994.

Sitio web

https://www.veronicagerberbicecci.net/

http://colposfesz.galeon.com/est501/conjunto/teoconj.htm

https://journals.openedition.org/artelogie/

https://valentinvano.wordpress.com/2013/07/30/novela-grafica-latinoamericana-2/

https://www.caracteristicas.co/historieta/

https://curiosoando.com/cual-es-la-diferencia-entre-una-novela-grafica-y-un-comic

https://es.wikipedia.org/wiki/Novela_gr%C3%A1fica

http://fugahistorietas.blogspot.com/2010/06/que-es-una-novela-grafica.html

http://www.tangente-education.com/Newton.php

http://fugahistorietas.blogspot.com/2017/09/que-es-la-historieta.html

https://hal.archives-ouvertes.fr/hal-01499856/document

http://cri.histart.umontreal.ca/cri/fr/intermedialities/p6/pdfs/p6_rajewsky_text.pdf.

https://www.iasj.net/iasj?func=issues&jId=41&uiLanguage=en

http://hdl.handle.net/2042/23499

https://www.researchgate.net/publication/310013150_Desafios_del_potencial_creativo_de_la_intermedialidad

https://www.researchgate.net/publication/310013150_Desafios_del_potencial_creativo_de_la_intermedialidad

https://www.sectormatematica.cl/poemas/poema_10.html

https://www.fabula.org/actualites/l-intermedialite-litteraire_3290.php

https://dumas.ccsd.cnrs.fr/dumas-01585609/document

https://www.actualites.uqam.ca/2014/relier-mathematiques-et-litterature

https://www.researchgate.net/publication/310013150_Desafios_del_potencial_creativo_de_la_intermedialidad

https://enunlugarmejor.wordpress.com/2018/12/03/describir-un-cuadro/

https://www.fabula.org/actualites/l-intermedialite-litteraire_3290.php

https://dumas.ccsd.cnrs.fr/dumas-01585609/document

https://monoskop.org/images/2/28/De_Certeau_Michel_La_invencion_de_lo_cotidiano_1_Ar tes_de_hacer.pdf

https://larepartidora.org/botiga/llibres/narrativa/conjunto-vacio/

http://neuviemeart.citebd.org/spip.php?article140

http://archee.qc.ca/wordpress/introduction-a-lintermedialite-pour-une-methodologie-interdisciplinaire-de-lart

http://www.scielo.org.mx/scielo.php?script=sci_arttext&pid=S1870-11912016000100167

https://www.researchgate.net/publication/310013150_Desafios_del_potencial_creativo_de_la_intermedialidad

https://www.fabula.org/actualites/l-hebert-et-l-guillemette-dir-intertextualite-interdiscursivite-et-intermedialite_32193.php

https://www.erudit.org/en/journals/im/2003-n1-im1814473/1005442ar/

https://muac.unam.mx/exposicion/los-hablantes

yes

I want morebooks!

Buy your books fast and straightforward online - at one of world's fastest growing online book stores! Environmentally sound due to Print-on-Demand technologies.

Buy your books online at
www.morebooks.shop

¡Compre sus libros rápido y directo en internet, en una de las librerías en línea con mayor crecimiento en el mundo! Producción que protege el medio ambiente a través de las tecnologías de impresión bajo demanda.

Compre sus libros online en
www.morebooks.shop

KS OmniScriptum Publishing
Brivibas gatve 197
LV-1039 Riga, Latvia
Telefax: +371 686 204 55

info@omniscriptum.com
www.omniscriptum.com

Printed by Books on Demand GmbH, Norderstedt / Germany